尋找第二佛陀‧良美大師

探訪西藏象雄文化之旅

圖、文◎寧艷娟

目錄

山谷中上千年的巴底邛山土司山寨（2014 年攝）

【第一章】

良美西繞堅贊大師誕生

良美大師圓寂荼毗的地方（2010 年攝）

【第二章】

眾人稱他第二佛陀

美麗、富饒、安寧、和諧的山巴村（2009年攝）

每年舉行的大考（丹巴旺傑提供）

小僧們在新年祈願法會上，向空中口灑風馬旗，祈願世界和平（赤雍仲提供）

學僧們身披藍色密宗袈裟，頭戴白色大鵬展翅花帽
（2010年攝）

對曼日寺的發展獻出了畢生精力的五位上師的靈塔
（2010年攝）

曼日寺2014年畢業的格西（丹巴旺傑攝）

前言

　　雍仲本教《塞米經》記載一萬八千多年前，誕生在大食沃莫隆仁的單巴辛繞放棄王位，創建了雍仲本教，宣講雍仲本教佛法。由於此法如同甘露般令世人破迷開悟、斷障除惑、解今生來世之苦、獲得究竟圓滿解脫，是最輝煌鼎盛的遠古文明，史稱「古象雄文明」；雍仲本教佛法，香火不斷，一直延續至今。由於「古象雄文明」有著悠久燦爛的歷史，已被列入世界文化遺產。雍仲本教《大藏經》漢譯工程已列入「中國社會科學院」的重點課題。

　　六百多年前，被西藏人稱作第二佛陀的良美西繞堅贊，是雍仲本教高僧，曼日寺的創立者，是西藏歷史上聞名遐邇、頗具聲譽的闡明本教大師，是一位德高望重的成就者。在西藏佛教戒律低迷時期、在雍仲本教衰弱之時，大師建立了戒學，完善出家人的戒律戒條，在曼日寺剔除活佛轉世制度，重新點燃本教佛法的明燈，也給各個教派寺廟輸入了精神力量。他虛心向多位持明大師學習密法，掌握了所有密宗、大圓滿的訣竅，親證本尊真容，達到生死自由、五大自在等不可思議的成就現象。大師一生著作浩如煙海，培養弟子數萬；他建立的曼日寺被稱為雍仲本教極頂莊嚴的「母寺」，成為整個本教標杆式僧團，國內三百多座本教寺廟都以曼日寺的法脈傳承為主，弘法利生。

　　曼日寺每一屆堪布的選擇完全由護法神決定，到今已是第三十三代。現任法王隆度丹貝尼瑪仁波切，為全世界雍仲本教的最高精神領袖，即世界藏傳佛教的五大法王之一，繼承良美大師建立的法脈傳承，以身作則，全力培養合格的出家人，收養了數千名孤兒，為社會輸送了大批的和諧力量。

　　筆者懷著對古象雄文明的探索、對第二佛陀良美西繞堅贊的敬意、對現代曼日寺第三十三代法王隆度丹貝尼瑪仁波切的崇敬，從2009年開始一直到2015年，用七年時間對良美西繞堅贊的出生地、出家的寺廟、學習修行的山林、閉關修法的懸空房、創建的西藏曼日寺、圓寂的淨土進行了深入的參訪，並探訪了現代法王的家鄉、出家的寺廟、閉關修法的神山、創建的印度曼日寺，深入瞭解寺廟佛學院的顯宗、密宗、

大圓滿的教學課程，親身體會曼日寺僧人的戒律，親身領會法王言傳身教嚴格管理寺廟的精神，親自感悟法王對大眾的慈悲，親眼看到法王的衣食住行，親身接受曼日傳承——法王舉行的35個顯宗灌頂和密宗灌頂。

筆者本著實事求是的態度，用純眞的眼光去發現，用最笨的方法去尋找，眞實記錄老一代修行者的偉大事蹟，爲現代佛學院提供比較全面的教學課程，爲現代寺廟管理提供成功的參考模式，爲更多瞭解雍仲本教和象雄文明的學者提供不可多得的素材，同時使現代年輕的出家人看到修行者的楷模。

序一

象雄文明其代表是雍仲本教，雍仲本教是藏傳佛教的根。很多專家學者把雍仲本教定爲原始本教，這種觀念是完全錯誤的。

在人類文明沒有形成之前，居住在象雄地區的人們對大自然的地、水、火、風、雷、電等現象產生濃厚興趣，認爲它們都有自己的神靈，這些神靈會左右著人們的命運，由於恐懼出現崇拜，人們爲了避災祈福出現了天本、地本、壓本、魔本等30多種自然宗教，這些「本」有各種各樣的祈福、降魔、祛災的儀式，大多以殺生血祭來贏得神明的歡心，這是原始本教。蠻荒時期在美洲、非洲、亞洲各民族中都有這樣的原始宗教，即使在科技發展的今天，很多民族中依然保留「殺雞見血」驅邪的風俗。

一萬八千年前，象雄王子單巴辛繞修成正果，祖師看到這樣的原始本教根本不能徹底解決人們的痛苦，從而創建了雍仲本教。祖師首先告誡人們不許殺生，對一切生命要有慈悲心，祭祀儀式用麵粉製作替身物，還向人們傳授醫學、建築學、聲明學、因明學、佛學、哲學，以及天文學等知識，並建立不殺生、不偷盜、不邪淫、不妄語、不飲酒五根本戒，在戒律的基礎上皈依上師、皈依佛、皈依佛法、皈依高僧，還建立沙彌25戒、比丘250戒、比丘尼360戒，及創建密宗九乘教法和獨特的大圓滿心法。

雍仲本教爲了滿足信眾企盼豐收富饒的心願，會以煙供、火供、繞山、繞湖、龍王寶瓶等形式供養天龍八部、山神、龍王等有能量的生命。這是與神靈的溝通方式，對信眾有實實在在的幫助，不是皈依這些神靈。雍仲本教和原始本教是完全不一樣的兩種信仰。

雍仲本教與寧瑪派、薩迦派、噶舉派、格魯派組成藏傳佛教五大教派。

雍仲本教是單巴辛繞祖師創建，佛教是釋迦牟尼祖師創建，單巴辛繞和釋迦牟尼都是千劫中出現的諸多佛陀之一，他們都是覺悟者，都是來我們這個娑婆世界救度眾生的，兩位佛陀先後出現相隔一萬多年。雍仲本教的四皈依、四聖諦和到達不二般若智慧與佛教教義是完全一致

的。在雍仲本教後弘期，本教與佛教之間有相互吸引、相互影響的文化交融。

　　本教歷史上最傑出的良美大師出生在四川嘉榮，他出家後去了西藏各大寺院深造，在西藏溫薩卡大辯經場擔任堪布，爾後在西藏創建曼日寺，是本教後弘期偉大的導師，貢獻極大，藏族人稱他「第二如來（佛陀）」。至今曼日寺第三十三代法王隆度丹貝尼瑪仁波切，在印度創建曼日寺，一生培養了兩百多位格西和無數修行者，還在歐美各國弘法利生，使本教在新時代的發展順利，起到了非常大的貢獻。他是本教信徒的精神領袖，是信眾心中的太陽。

　　今年九月曼日法王如意寶，在弘揚佛法、利樂有情的事業中，功德圓滿回歸法界，他的圓寂，對雍仲本教、對佛教界、對宗教界，都是莫大的損失，不由得我們心生惜別之念，但是法王的慈悲之心，永遠溫暖著我們，法王的智慧之光永遠照耀著我們。

　　本書作者從 1998 年開始至今參訪了雍仲本教很多寺院、閉關中心、佛學院和古遺址，接受了諸多位本教高僧大德的教授傳承，深刻體會多姿多采的象雄文化。先後出版了《雍仲本教大師》、《雍仲本教法相寶典》。此書，更加詳細介紹了被稱作第二如來（佛陀）的良美大師生平，和現代本教法王的言傳身教。會讓讀者看到遠古象雄的祖先給我們留下的絢爛瑰寶，聽到成就者對我們的叮囑，同時會對我們今後的修行鞭策極大，此書內容十分難得珍貴。

塔德澤旺吉美

2017 年 9 月 28 日 於成都

序二

　　西藏歷史上被稱為第二佛陀的良美西繞堅贊大師，是雍仲本教後弘期歷史性關鍵人物，是十方叢林耶如溫薩卡18位敦巴（成就者）唯一的繼承人，是顯宗、密宗、大圓滿三法一體化修煉統一的創始人。大師是提高自身修養，將大法的聞、思、修和度化眾生之法的講、辯、著等教育模式的主要推進人物。是古老的雍仲本教，在後弘期統一主流傳承的吉祥曼日寺的第一代開山祖師。

　　良美西繞堅贊大師為本教做出了卓越貢獻，被稱作「第二佛陀」一點兒也不誇張。首先在**統一傳承制度**方面──大師將西藏的辛、傑、瑪、耶、支、西、巴、美、瓊等各大世襲家族獨特的修法和傳承進行了彙集梳理，統一了顯宗、密宗、大圓滿等傳承和支世襲18位成就者的傳承，樹立為雍仲本教的主流傳承。

　　二：**管理制度改革**──例如：破除活佛轉世制度。將西藏歷史上的家族血統活佛和轉世佛傳統，在曼日寺不設活佛，改為公開選舉的堪布制。

　　三：**學習制度改革**──例如：更新寺廟體制機制。將傳統的分散各自學習，改為曼日寺學院學習。

　　四：**修心制度改革**──例如：統一合併修法。將傳統的顯、密、心專項單一各自的修法，改成三法一體同時並進修學。

　　在末法之時，隆度丹貝尼瑪仁波切和曼日寺連續三任羅朋（大導師的意思）的丹增南達仁波切，及德高望重的高僧們的努力下，一顆璀璨奪目的曼日寺第三十三代堪布隆度丹貝尼瑪仁波切及在離母寺（衛藏曼日寺）數千里之外的印度北部多蘭吉的曼日寺誕生。

　　隆度丹貝尼瑪仁波切是藏傳佛教五大法王之一，是雍仲本教的主尊，在法王近60年的精心管理下，培養出很多甚深學識、品德高尚的大格西，他們在世界各地弘法利生，做大貢獻，使雍仲本教佛法在世界各地發揚光大。法王還建立了福利院，收養了300多個孤兒，鼓勵孩子們學文化、講道德、持愛心、遵紀守法，做個身心健康同時有能力幫助他人的好人。

法王不僅聞思佛法，實踐顯宗、密宗、大圓滿心法，法王還栽培了很多高僧，讓很多在家善緣弟子走向修行正道。法王還是佛學及歷史文化的大學者和大詩人，著有《本教教曆算集》、《讚頌文集》、《文學集》、《修行常識集》、《道情歌集》等很多書籍，將藏族古老文明的源泉象雄文化，推向全世界。

　　多年來國家也在大力扶持雍仲本教的發展，將象雄文化列入世界文化遺產的保護。所有這些，都離不開法王宣導的遵紀守法，愛國愛教，和諧社會的無窮智慧。曼日法王多次給我傳授出世間的智慧真諦，給與我象雄雍仲佛法甚深的法脈傳承，法王的慈悲，法王的智慧，點燃了我內心深處的智慧明燈，永遠加持激勵著我和雍仲本教信徒們。

　　世界雍仲本教信徒們深深感受到二十一世紀是日月同輝光芒燦爛的好時代。

　　今年9月14日，是全球雍仲本教信徒最悲痛的日子，我們最尊貴的法王隆度丹貝尼瑪仁波切，完成他一生救度眾生的夙願，回歸了法界。法王的圓寂對本教、對佛教界、對任何宗教都是極大的損失。仰望虛空，映出法王如意寶的笑容和偉岸的身軀，祈願法王早日在相續中與我們相見，再加持和指引我們一起走進極樂剎土。

　　作者從1998年開始至今，用20年的時間無數次深入探訪雍仲本教聖地、高僧和佛法傳承者，不辭辛苦地在高山峻嶺中尋找聖者的腳印，用心去感悟雍仲本教傳承和古老象雄文明。先後出版了《雍仲本教大師》《雍仲本教法相寶典》。此書是作者從2009年開始尋訪良美大師曾駐足過的深山老林及古剎遺址，又先後五次去印度曼日法王身旁，深入寺廟，接受教法，為保文字的真實準確，花了八年時間斟酌完成。這本書不僅有象雄文明的資料價值，同時可以讓讀者看到真正的修行者的言行舉止，可以走進成就者的內心世界，為我們出家人樹立了模範標杆，幫助我們每個人自省。這是一本可以幫助我們遠離身心痛苦不可多得的好書，看到書的內容就如第二佛陀——法王就在我們的身旁，可以讓讀者看到遠古的象雄文明，讀懂今天的西藏文化。

李西新嘉旦真

2017年9月20日於昌都寺

序三

　　良美大師建立了嚴格的管理體系、學經制度以及教學綱領，他建立的曼日寺是雍仲本教的主要傳承。曼日寺的三十三代法王不僅是一位顯密大圓滿的修行成就者，還是一位教育家、藝術家、醫學家、慈善家、建築設計大師。一：法王作為雍仲本教的弟子，為發展這個法脈他走向世界，貢獻出自己的畢生精力。二：法王個人的修為是我們的榜樣，他在吃、睡、行生活中修行，對我們身心影響非常大。三：法王充滿智慧，各方面知識豐富多采，而且重感情；他是一位建築設計師，親自出手畫大經堂設計圖、施工圖；他是一位醫術高超的大醫生，治療了很多疑難雜症；他是一位藏醫藥家，研製了很多藏藥。他多才多藝，不論扮演金剛神舞的哪個角色，都跳得活潑可愛，並親自帶領大家排練。他的嗓音充滿磁力，誦經聲音非常好聽，法會上領經時，從不用麥克風。論講經他是大教授，論辯經他是大學者。他關心世界大事，是思想家。他把寺廟和福利院等必要的費用開支分配得井井有條，是理財專家。他在國外找錢建設寺廟是經濟學家，他管理寺廟各方面的發展是大管家。四：法王特別有愛心，他收養三百多名孤兒，他說自己是這個大家庭的大爸爸。我想：沒有老婆怎麼是爸爸？法王說爸爸有兩種，一種是生養的爸爸，一種是撫育的爸爸。他是負責生活吃、用、學習、教育、成長的大爸爸。五：法王注重團結，法王的包容心非常大，信不信本教沒關係，他與藏傳佛教各教派、印度教、伊斯蘭教、天主教、基督教都有很多文化的交流。原來我自己就是沒有眼睛的瞎子，什麼也不懂，我在法王身邊生活學習了十八年，現學會把世界收進眼裡，踏踏實實地弘揚本教佛法，做一個能夠幫助眾生脫離痛苦的人。

　　寧豔娟女士用七、八年的時間深入良美大師修行過的聖地和曼日寺三十三代法王創建的寺廟實地考察，親眼目睹了良美大師和法王的修行，使我們看到老一代修行者的偉大事蹟，對我們年輕人乃至下一代都是難得的鞭策。

格西丹增朱紮

2017 年 6 月 6 日

【第一章】良美西繞堅贊大師誕生

西藏象雄文明的主要代表是雍仲本教，在雍仲本教歷史上，有一位頗具聲譽的闡明本教大師，通達了藏傳九大宗派教義，著作浩如煙海，養育多如繁星良徒，被稱爲第二佛陀。大師圓寂六百多年後的今天，每逢藏曆正月初五，全世界的雍仲本教寺廟都要舉行隆重慶典──緬懷大師。他的名字是良美西繞堅贊。雍仲本教典籍《什續》中敘述：良美西繞堅贊大師精神的後裔，未來所有曼日堪布和羅朋，都將作爲良美西繞堅贊化身出現，凡被他們引導而明瞭菩提心的人，在死亡時，將擺脫三惡趣的威脅……

　　這位大師不是神，是現實生活中的人，至今他的化身就在我們的身旁。如此神奇的人物，他的故事深深吸引著天生好奇的我，於是背起行囊，踏上尋訪良美大師足跡的征途。

被稱作第二佛陀的良美西繞堅贊大師（丹巴旺傑提供）

美麗的獨角溝

農婦和姑娘們，在金色的青稞地裡揮鐮收割（2010年攝）

2010年7月我得知良美大師紀念館開始修建。紀念館就位於四川省藏族羌族自治州金川縣瑪律邦鄉獨角村，這正是我的上師昌都寺李西新嘉旦眞活佛主管的轄區。

　　我立即接通李西活佛的電話，上師聽我說想去探訪良美大師出生地，爽快地說：「我安排人給你帶路。」然後滔滔不絕地告訴我：「良美大師出生在嘎達山下，嘎達山與其相鄰的墨爾多山都是嘉絨的神山，面積約一百多平方公里。文物考證，那裡曾是雍仲本教的大道場，山上有一百零八座懸空寺，目前找到三座，寺內的壁畫有千年歷史，良美大師的家鄉就在山下，他一定在懸空寺閉關過……」

　　我很快約了女友牟堅博士共同前往。我們搭機到了成都，租車沿318國道出發，順青衣江、喇叭河，直奔四川省金川縣昌都寺。

　　第二天清晨，在金川縣城見到了李西活佛，他找來一輛麵包車，派青年僧人羅爾悟帶我們一起去獨角溝和懸空寺。開車的司機叫馬建，23歲。我們的車子順大渡河向西開往311國道，30分鐘後到了安寧鄉大橋。見路右側連綿的大山中間有一條裂開的約五、六米寬的大石縫，我們的車子穿入石縫，進入重重疊疊的馬家坪群山，沿著彎彎曲曲的山間小路前行。

　　漫長的路上出現了一位姑娘的背影，待開近時司機馬建按了一下喇叭，姑娘扭過頭來，馬建興奮地說：「啊！我的同學！」

　　姑娘名叫拉姆，回家中看望父母，因沒有趕上公車，只能步行回家。當聽說我們要去的地方是三隊，「我家就在二隊，我來帶路！」她邊說邊踏上車。兩位年輕人聚在一起，一路都是歡聲笑語。

　　一座白塔讓我們不由自主停下車來。塔高約30公尺，圓形須彌座，環狀腰基把塔身分成兩層，顯得格外簡捷大方。羅爾悟走近塔身，看著壺門式眼光門裡刻寫的藏文告訴我：「這是雍仲本教的達拉本尊白塔。達拉門巴是祖師單巴辛繞的弟子，幫助祖師降伏了很多妖魔，又給人們傳授了本教密法。供奉達拉本尊白塔可以使當地百姓身體安康、諸事吉祥。」

　　車子又在如火焰般的花椒樹中前行，地裡剛剛掛絮的玉米顆顆飽滿，穿梭在野棉花叢中的豬、羊、牛、雞悠哉悠哉地覓食，青稞田裡，農婦和姑娘們說著笑著，正在揮鐮收割。

　　我們終於到了第三生產隊的花溪壩，這是良美大師的出生地。嘉絨

達拉本尊白塔（2010年攝）

語稱這裡「參德」（美麗的草壩），又稱「色雄黑農」（永遠堅固的金盤子）。

羅爾悟指著遠處的一座小山說：「那就是很久以前良美大師的家！」舉目望去，一群工人正在修建房子，從工地上跑下來一位渾身沾滿泥土的僧人，他是觀音橋俄熱鄉阿貢寺的恩克次嘉，修建紀念堂的負責人。

恩克次嘉歡迎我們的到來，帶我們參觀施工現場。他興奮地給我們介紹：這是2010年3月6日破土動工的，嘉絨語稱這裡「別喇果」，是有100戶人家的意思。這個山坡海拔2800公尺，紀念館占地面積約100平方公尺，計畫第一層安放良美大師塑像，第二層供奉千尊大師小塑像，第三層是良美大師的殿堂，外院再蓋12間僧房，李西活佛也出資金支援和幫助協調管理⋯⋯

工人們有的在砌牆，有的在釘木窗，每個人都很專注於手中的活

工人在修建良美大師紀念館（2010年攝）

計。一個平靜的叫喊，大家聚到一起，指指點點。原來，一位工人從山體中挖出一個直徑約 30公分、中間有孔的圓形石塊。我也走上前去，琢磨不出這是做什麼用的。一位老工人拿到手裡看了看說：「這是祖上用來磨麵粉的小石磨盤，前幾天還挖出一個存水的石缸呢。」大家「啊」了一聲，臉上都充滿了喜悅。我輕輕地摸著小石磨盤，這是良美大師父母用過的嗎？小時候的良美大師吃過用它磨出的麵粉嗎？傳奇般的遙遠歷史一下子被拉到我眼前。

工人從石堆中發現一個小磨盤
（2010年攝）

大師誕生

恩克次嘉和羅爾悟在山坡上做火供，念誦良美大師祈禱文（2010年攝）

《良美大師傳》記載：藏曆火候年（西元1356年）孟春五日，天上白雲飄動，彩虹貫天，空中響起海螺聲，地上百花爭豔、百鳥鳴啾，門前的小河變成乳白色的奶水。此時此刻，良美大師悄然降臨。他的父親本波魯嘉，精通本教四因乘教理，母親仁青，貌美勤勞賢慧。父母給兒子取名「雍仲嘉」，是萬佛護佑之意。雍仲嘉從小天資聰穎，5歲開始跟著父親學藏文，學卜卦曆算，聽父親講經書。一次雍仲嘉在和小夥伴捉迷藏時，不小心被樹枝紮壞了眼睛，因缺醫少藥，導致左眼失明。10歲，他在瓊龍寺受了沙彌戒，正式出家，上師賜法名──良美西繞堅贊。

　　良美大師18歲時，在禪坐中得到大護法神斯畢嘉姆示意：「你要去

村中老輩人相傳：這裡是良美大師兒時玩耍的地方（2010年攝）

藏區拜師求法，你的緣分在那裡。」他把這事告訴了父母，媽媽說：「我們支持你，但是有一個要求，你必須在我們離開人世之前回家來看看。」他答應了媽媽的要求，並向他們保證：等學業有成，一定回來孝敬二老。父母看他的意志堅定，立即幫他收拾行囊，送兒出行……

良美大師在西藏修學十幾年後的一天，想起該是履行「回家看看」約定的時候了，即向寺院請假，帶著弟子仁青堅贊，扮成雲遊的苦行僧回到獨角溝。

當他找到自己的家時，看到了白髮蒼蒼的父母竟沒認出他，自己的左眼塌陷乾癟，已沒有了原來的稚嫩。父母看著眼前的苦行僧說道：「我們也有一個孩子，從小離家去後藏大寺院學經，至今杳無音訊，你認識他嗎？知道他的近況嗎？」良美大師端詳著父母憂慮期待的臉龐，輕聲說：「我與你們的兒子同在一個寺院，他現在還沒有得到上師和寺院的允准，可能明年他會回家看望你們。」這話，讓老人們臉上綻放出開心的笑容。

良美大師在故鄉的日子裡，爲父母和鄉親們設壇傳經講法，同時又收了兩位徒弟：益西慈誠和仁青慈誠。數月後的一天，他深情地與父母告辭：「世間的一切好似房舍，人就像匆匆借宿的路人。我在您們這裡借宿這麼久，得到您二老的關照和眾信徒的供養，這都是因緣的聚合，現在我要走了，不能再執著、貪戀這裡。等我離去七天後的早晨，請拆開我的法座，二老會得到一種妙果。但請不要過早拆散我的法座，否則緣起會失掉。」

七日之後，二老拆散法座，見下面放著一百兩藏銀和一封信。信中寫道：「此生恩重如山的父母：兒子曾答應回家看望您們，此次就是爲實現承諾而來。現在，我若不回後藏做寺院的住持，就將會違背根本上師的意願，恕兒不孝。在這裡留下的銀子，請用在積德善事上，可在我們村莊的上方幽靜之地建一座廟宇，將會功德無量。」父母看完這封信，悲喜交加，老淚縱橫，他們爲兒子成爲修行者感到驕傲。之後，他們遵照兒子的囑託，在村中修建了一座小寺……

「看！老鷹！」一聲喊叫，把我從追憶中拉回，抬頭望見天空上盤旋著一隻老鷹，「這個地方很少看見老鷹，自從這裡開工後，經常有老鷹在工地上空盤旋，有時老鷹還會站在樹枝上看我們幹活。」一個工人認真地說。

密林深處閉關

拖拉機在我們高歌進行曲中啓動了（2010年馬建攝）

拉姆和她爸媽（2010年攝）

　　拉姆聽我們說第二天要去懸空寺，就請我們晚上住在她家。

　　拉姆家單獨坐落在大山腳下。傍晚，寂靜的村舍冒起了炊煙，拉姆在廚房內麻利地給我們做飯，20分鐘，青瓜炒蛋、土豆燒筍臘肉、雞肝菌燴松茸、白米飯、鮮牛奶就擺上了桌。拉姆的爸爸說，「這是自家做的臘肉，自家種的菜，大米也是咱地裡長的，牛奶是咱家牛產的，沒有農藥和添加劑，你們放心大膽吃吧。」這一桌名符其實的有機食品，城裡的土豪也享受不到呀！女博士感慨：喝了半輩子的牛奶，今天才嘗到真正的牛奶滋味！拉姆看我們大口小口不停地吃，紅撲撲的掛著汗珠的臉上洋溢出滿意的笑容。「來！老朋友，喝一杯！」司機馬建招呼著拉姆，他倆有說有笑地推杯換盞，行著小酒令。質樸的山裡人多麼幸福！

　　深夜，天像漏了個大洞，瓢潑大雨傾倒下來。我和牟堅擠睡在靠窗的小木床上，均勻的呼吸已把她帶入深深的夢鄉。我聽著雨聲，心緊張起來，願老天爺開恩，明天千萬別下雨啊！就要去探訪我日思夜想的聖地了……「約1000年前，18位嘉絨土司出資在墨爾多山和嘎達山上修建了108座懸空寺，這裡是雍仲本教最如法的修心道場，本教26位弘化大師都在此閉關修行過，很多成就者出生在墨爾多山和嘎達山裡，良美大師與這兩座神山有深厚的淵源……」李西活佛的話語在我耳畔響起……

清晨，天晴啦！湛藍的天空上，一條長長的白雲在輕輕地移動，鋪向天際的滿眼綠色被雨水清洗梳理得乾淨挺拔，遠處的山猶如出浴的仙女，披著一層淡淡的霧紗，一切如此美麗且空靈。

拉姆很快在院子裡擺上了小餐桌，一邊往上端飯菜一邊告訴我們：從村子到嘎達山約10華里，路很難走，她已找到一輛拖拉機，一會兒就來接我們上山。

剛剛美餐結束，手扶拖拉機就到了。拖拉機手名王友強，身穿大紅夾克，頭髮焗成金色，因長期勞動造就了結實均勻的身材，比城市青年更顯得帥氣、時尚！51歲的村民陳樹光給我們做嚮導。

拖拉機上馱著僧人羅爾悟、司機馬建、拉姆、嚮導、牟堅和我，在進行曲的高歌中啟動了。車前的排氣筒嘟嘟嘟地一邊伴奏，一邊冒出白煙，沿著坑窪不平的山間小路向嘎達山奔去。下過雨的路很泥濘，技藝高超的司機左拐右繞地挑著平路走，我們就左搖右晃地哈哈哈、嘎嘎嘎地笑著，受我們高昂氣氛的感染，車跑得特別快，儘管我們雙手牢牢地抓著車幫，但還是像篩子裡的煤球一樣，被甩來甩去，大家還不忘高歌！

就這樣撲進了大山的綠色懷抱，我們在顛簸、說笑和觀景中約50分鐘就到了嘎達山腳下。放鬆緊張的手臂，撫慰一下一直被撞擊的腰臀，從這裡開始步行登山。

嘎達山是遠古東女國的領土，也是雍仲本教的修心大道場。《舊唐書‧東女國》中載：「西羌無別種，俗風女為王。」傳說嘎達山神幫助東女王擊潰妖魔鬼怪的騷擾，這些精魔拜倒在嘎達山神足下，皈依本教，發誓護佑本教。時至今日，當地嘉絨人對嘎達山神也十分崇拜，親切地稱山神「郭尼」，意思是：最美的山神！

我們沿峽谷上山，潮濕蜿蜒的小道伸向密林深處，繁茂粗大的雲沙古松、紅松、臭松、長白松、紫杉、黃檗、春榆，像一支支火箭，鏗鏘有力刺向天空，矮曲叢生的嶽樺、狗棗子、軟棗子、五味子等溫帶植物，簇擁在高大的樹下；又大又肥的雞血菌、牛奶菌、黃絲菌，還有治療風濕的雞兒苔，治療感冒的細心等草藥，點綴在綠色之中。據說山上原來有豹子、花臉山貓、盤羊等動物，現在很少見了。

一條小溪噴珠濺玉般唱著山歌從林茫深處流淌下來，水裡有小蝦，還有無鱗魚。走了數十分鐘後，原來的羊腸小土路不見了，腳下已是鬆

馬建採摘的黃絲菌，遍地可見（2010年攝）

軟的草墊，毛茸茸翠綠色的樹掛把每棵樹連結在一起，樹與樹之間幾乎沒有空隙。

罕見的紅色雞血菌，太美了！讓人喜愛卻不敢動（2010年攝）

　　羅爾悟看我們不停地拍照、採花，焦急地說：「咱們這樣的速度到墨爾多山就天黑了，咱們分兩路，拉姆帶你們去嘎達山的懸空寺，我和嚮導去墨爾多山找懸空寺，3個小時後在山下十字路口碰頭。」說著，羅爾悟和嚮導就消失在綠色中。

　　拉姆帶我們沿著峰巒岩壁上行，不時有瀑布聲和鳥鳴傳來，如此幽深的密林，真是空山不見人，但聞鳥語聲……我深呼吸，讓全身的細胞充滿負氧離子，悉心搜索森林的神祕，感受原始森林對修密法人的誘惑。

懸空寺

壁畫的主尊衣裙下寫著藏文的「良美西繞堅贊」（2010年牟堅攝）

當我們登上蓮海峰時，山頂茂密的樹葉遮蓋了天空，樹幹全部直戳戳地伸向上方，我站在如刀削斧劈的懸崖邊，昂頭看見在陡峭山壁上橫出兩根木樁，木樁上托著一個小房子，拉姆驚喜地說：「這可能就是懸空寺！」

　　一根約五公尺高的樹幹，垂直90度立在山壁上，樹幹直徑不到30公分，每隔40公分都砍出一個凹槽，凹槽深度剛好放進一個腳尖，這就是藏地用的獨木梯。據說這種獨木梯的設計，來自古象雄人，其主人隨時可以把梯子收到上面去，抵禦其它部落的戒鬥、搶掠和大型動物的襲擊。

閉關房牆外的獨木梯（2010年攝）

建在懸崖上的閉關房（2010年攝）

　　馬建率先爬上木梯，站在閉關房小窗前招呼我們，牟堅在拉姆的指導下也靈巧地爬上去了。我在拉姆的指點下，雙手緊緊地抱住樹幹，一隻腳尖放進樹幹凹槽裡，另一隻腳尖登在上一個凹槽裡，像黑熊一樣，戰戰兢兢地移上山腰。山腰上沒有路，一塊巨石擋在面前，我正琢磨他們三人怎樣上去的？忽然從山石下傳出馬建喊我的聲音，低頭尋找才發現巨石下有一個縫隙，石縫盡頭光亮處，露出馬建的笑臉，「趴下，爬過來！」馬建指揮著我。我匍匐前進，心中閃出：此時要是發生地震，我就成了千年木乃伊啦！我終於渾身泥土爬出了四公尺多長的石縫！

　　在刺眼的陽光下，一間石塊壘砌的小房展現在眼前。這就是懸空寺？良美大師修法的閉關房？房子為木石結構，原木做橫梁，用石塊逐層壘築，房體的三分之一延伸出懸崖，三分之二建在山體上。屋內小窗可以鳥瞰高山密林。唯一與外界的通道，就是那根獨木梯。

閉關房內約八、九平方公尺，四面牆壁上畫滿了工筆重彩、天然礦物質原料的壁畫。我仔細辨認壁畫中的人物，正面牆中間主尊是雍仲本教的祖師單巴辛繞像。祖師身披印有萬字福圖案的袈裟，面相飽滿，雙肩寬厚，雙耳長且略向下垂，下頦圓而略向前突，體態豐腴，神態安詳自在，左手結「觸地印」，右手托缽，圓圓的缽中長有兩支聖花，跏趺端坐在雙獅抬著象徵菩提心、空性、出離心的日月蓮花座上。寶座背光正中上方，畫有象徵象雄祖先的鵬鳥，雙側對應的是象徵無所畏懼的雄獅、神龍、騎牛勇士、象徵修法成就的雪山白毛獅子和象徵力量無比的大象。老成持重的侍者瑪祿（左）和溫順聰慧的侍者譽祿（右），身著褒衣博帶袈裟，手拿象徵消除我執的法器，赤腳踩著雙層蓮，分別站立在主尊左右。

主尊為雍仲本教祖師單巴辛繞佛（2010年攝）

雍仲本教的四聖：薩智爾桑、辛拉沃嘎、桑波本赤、單巴辛繞和他們幻化出的千佛（2010年攝）

　　圍繞著主尊單巴辛繞佛周邊的是24位成就者，他們以散盤姿勢坐在蓮花寶座上，左腋至右膝間斜紮禪帶，姿態舒展，神態各異，彰顯出大圓滿境界的自在。主尊右側，是除暗遍明的未來佛，他面頤豐滿，文雅敦厚，含睇若笑，雙手持金剛印，端坐在蓮花座上。接著是頭戴寶冠面相秀美的慈母祥瑪，她高直的鼻梁，小小的嘴巴，肩披長帛巾，衣紋斜垂座前，身著十三種報身佛裝飾，左手捏金婆羅花，右手端甘露寶瓶，上身略前傾、神情睿智，給人以靜穆慈祥之感。以下依次是雍仲本教的四聖：薩智爾桑、辛拉沃嘎、桑波本赤、單巴辛繞和他們幻化出的千佛。主尊左側的壁畫因風化剝蝕，已分辨不清畫像的內容。

　　右面牆壁上是四尊寂靜佛畫像，因牆壁坍塌現只剩下三尊半。佛皆頭戴寶冠，面部豐滿圓潤，雙眉彎如新月，附著一雙秀目，項飾瓔珞，腰束長裙，彩帶飄揚，十三種報身佛裝飾具足，手結不同的手印，表情文靜，儀態從容、微微凝視著下方，露出祥和的笑意，雍容華貴地端坐在蓮花座上。在主尊和寂靜佛畫像之間的空檔處，布滿五寸高的千佛。

他們面帶微笑、生動細緻，栩栩如生。

　　主尊的對面是一個小窗，視窗的上方是憤怒本尊籌悟的四方金剛。他們身穿盔甲、英武雄健，神態凝重、威風凜凜。房門的左側牆上畫的是藍色身體的本尊籌悟。他三面四臂，九目圓睜，頭戴黑色圓頂帽，腰圍虎皮裙，口若血盆、獠牙如戟，面貌充滿肅殺之氣。身戴象徵生命無常的五十個人頭做的念珠，四隻粗壯的手臂高舉著頭顱骨碗、長杖、鐵矛和三股叉，腳下踏著妖魔，健碩的體形富有動感，顯示出體內所蘊含著鎮伏一切邪魔的力量。一頭四臂的明妃，身披大象皮，金色頭髮飄揚，三目圓睜，一手高舉金剛杵，一手緊握彎月刀，面容猙獰可怖，擁抱著本尊。雍仲本教的怖畏本尊象徵涵蓋許多顯密教法精義，不真正修學密法，無法知道其中的含義。

　　房門右側牆上是極富動感騎黑騾子的護法神斯畢嘉姆。他頭戴五骷髏冠，手持骷髏碗和骷髏杖，一手持劍一手持三股叉，面容極其憤怒。整幅畫以黑色基調爲主，更有力地體現出護法神的兇猛強悍，以及鎮伏妖魔、護持雍仲本教佛法的力量。

騎神鳥的護法神（2010年攝）

牆壁上還有咄咄逼人的嘉布西昌護法神和山神以及他們的眷屬。山神的眷屬們身材修長，腰姿柔軟，體態輕盈，綽約多姿。臉型有的清秀，有的豐圓，有的穿長袖寬袍，有的穿短襯長裙，有的半裸上身，有持花的、有吹笛的、有翩翩起舞的、有竊竊私語的。他們每人都有坐騎，有的騎著飽滿圓渾的白馬，有的騎著大尾小頭的騾子，有的騎著四肢短小的長尾神雀，有的騎著極致兇猛的麛子，這些奮力向上的雄姿與主尊的沉穩形成了鮮明對比，更加襯托出主尊的安詳。

　　四面壁畫的上下兩端，是用雍仲卍字符鑲邊收口，所有的壁畫由多個故事連織而成，在畫面上沒有任何分割線，各個故事之間自然過度，整體壁畫構圖嚴謹、均衡、豐滿，布局上疏密參差，以虛濟實，活潑多變。線條勾勒粗細一致，粗獷有力，圓潤流暢，剛柔相濟，頓挫變化，均能達到傳神動人的效果。同時把高尚的情操、豐富的感情、開闊的胸懷和典雅的外貌完美地結合在一起。讓人感到既熱烈、莊嚴，又明朗、秀潤，具有巨大的藝術魅力，令人嘆為觀止。

　　我站在小窗口遙望著蔥郁滿目、蟲鳴鳥語的林海，太陽出來了，掀開一角雲簾，陽光直直地濾在遠處山峰的白雪上，幾抹白雲優閒地掛在山腰上一動不動。我原本激動的心突然寧靜下來。回頭望著斑駁淋漓的壁畫和倒塌的牆壁，耳畔響起李西活佛的話語：「懸空寺是修徹確、托噶最如法的道場……」

　　《雍仲本教大圓滿心髓正行》指出：徹確、托噶二法是當世成就的法門。徹確意為「立斷」，是修者在感受光明的基礎上，不擒不縱、不取不捨、不觀想不念誦，令自然明瞭。修徹確成就者，獲得肉身質變，化為光明構成的大遷轉身、虹身、光蘊身、長生不滅，自由住世。一千多年以來，在這裡留下眾多修行人的足跡，他們的聖跡已經寫在塵光中。少時的良美大師也在此地閉關修煉過徹確、托噶，接受過空行母的指點，實證各種密法。想到此，我立即放下手中的相機，盤坐在地上，調整呼吸，用身心感受良美大師留下的氣息。

　　「聽說山頂上還有一個懸空寺，咱們去那裡看看吧。」拉姆的一句話把我從靜念中拉回，我睜開眼睛望望牆上的壁畫，心中猜想另一個懸空寺的景象，一步三回頭地走出懸空寺。

　　我們沿著懸崖絕壁前行，每走一步都要用手扒開擋在面前的灌木叢，滴答！滴答！水滴聲從懸崖上傳來，走近一看，是一個進深四公

密林中的瑪尼堆（2010年攝）

尺、高三公尺多的山洞，水從石縫中淌下來。地上有兩個用石塊疊成的
小灶台，煙熏火烤過的石頭已變成黑色，看來這裡曾有閉關人，一般人
是不會來這裡住的。拉姆說前方路有些危險，她和馬建先去探路。

　　山崖上長著很多灌木，我用手掀開密密麻麻的樹枝向前移動著腳
步。穿出灌木叢，透過如綠色紗幔般的樹掛，開闊地上幾堆長滿綠草和
苔蘚的石堆呈現在眼前，石堆上方掛的五顏六色的風馬旗在山風中靜謐
地飄動，一股神祕不可侵犯的氣息凝固在石堆周圍。我走進細細查看，
才知是用白色石頭堆成的瑪尼堆。透過附在上面的苔蘚辨認，石塊上刻
有藏文的雍仲本教的八字眞言、十三字眞言、百字明，還有馬、牛等動
物像。

瑪尼堆是藏族人對當地神靈、戰神的崇拜，以期袪邪求福，是人與神對話的一種方式，同時還有作爲一種「路標」或「地標」的作用。我懷著祈禱和敬重的意願，從山邊撿來一些小塊白色石頭放在瑪尼堆上。

　　忽然，從山頂上傳來牟堅柔美的歌聲，我抬頭尋找，啊！他們三個人已經在高高的山腰上了，我趕忙四處尋找上山的路。找了好一會兒，終於看見緊靠山崖有一根獨木梯，我背好相機雙手緊緊抱住樹幹，小心翼翼地蹬上去，可能是樹林裡空氣潮濕木梯有些腐爛，有的階節已經被踩掉了，我屏住呼吸，抱住梯子往上爬。登了幾個階梯手心出汗了，抬頭看，木梯像棵參天大樹看不到盡頭，低頭往下看，茫茫林海在腳下，左右兩側懸崖如刀削。這也是良美大師曾閉關的地方，一定留有很多神祕，我一定要上去！但又覺得很危險，正在猶豫之際，從山上走下來三、四位年輕人，一位年長的對我說：「上面路很陡，太危險，不要上去啦。」一位年輕人說：「沒有問題，我拉著你上去。」話說著就從梯子上方蹬蹬蹬走下來伸出胳膊拉我的手。我連忙問：「上面好看嗎？」他們異口同聲說：「沒有什麼好看的，只有壁畫。」

　　我連忙移下梯子讓他們先下來。我認出這幾位就是修建良美大師紀念館的工人，他們說上午村子裡下雨了，他們只能停工，也上山來看看。現天晴了，要回去幹活啦！他們邊說著，身影瞬間消失在密林中。

　　我又試著爬上獨木梯，爬到一半時心中還是有些恐懼，理智分析一下：這次是來尋找良美大師足跡，感悟大師的精神，自己這把年紀腿腳不利索，上去可能會出意外，給別人帶來麻煩，不要太執著了。我說服了自己，一邊轉瑪尼堆一邊欣賞美景，等候牟堅他們下山！約一個小時，他們三個人說笑著下山了。牟堅告訴我，沒上去是對了！她向我描述：

　　「馬建和拉姆這兩個年輕人也不知深淺，一個連拉帶拽，一個連推帶揉，我稀里糊塗地被拉了上去。我狼狽地從地上爬起來時，本想表達一下

修建良美大師紀念堂的工人，上山參觀懸空寺（2010年攝）

我的不滿，怎麼能夠這般不由分說呢？當我的目光落到了牆壁上，怨懟立刻化爲了感激！如此精美的壁畫啊，在這荒野大山中，燒灼著我的眼睛，燒灼著我的身體……我像一個盜寶者一樣在發現的寶藏上貪婪地攝取著，用眼睛、用相機，一遍一遍地掃射、發現，一寸一寸地凝視、收藏……各個角度都拍過多少遍後，靜靜地感受身處壁畫包圍的氛圍，不願離去，不願離去，直到望了一眼門外，眞是——不能離去！

雍仲本教歷史上24位成就者（牟堅攝）

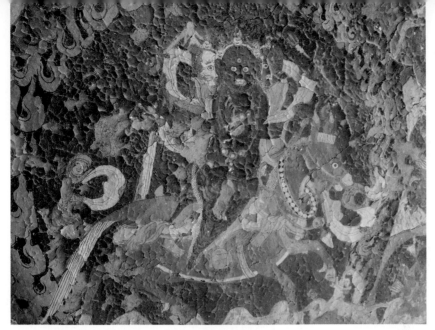

雍仲本教的大護法斯畢嘉姆（2010年牟堅攝）

雍仲本教的神山——阿尼瑪卿山山神（2010年牟堅攝）

「房體三分之一是淩空的，門外就是萬丈深谷，說過了，往下看，可以看到樹頂的枝葉像湖底水草一樣地招搖，要踏著寬不足一鞋的牆沿兒蹭過好幾公尺遠……給父母和朋友打過了電話，這才不得不硬著頭皮出門……

「後背緊貼牆，拉姆在一旁拉著我的手，踏上僅十多公分寬的牆沿兒，橫著身體一點一點向前蹭，眼睛不敢向下看。快走到拐彎處了，飛來一陣風，掀開了緊貼著牆的身體，我身體晃起來，被拉姆的手拉回，又貼到了牆上。可是，我這時眞是一步都不敢挪動了，心裡慌亂地想著：要不是拉姆拉著我的手，不就掉下去啦？那就眞完了，我爲本教付出生命啦！我的爸媽……就在這時，天兵天將到來，幾隻有力的大手握住了我的胳膊，帶我迅速地移到了拐彎處。牆沿到頭，沒有可踩的地方了，離著陸點還有一公尺遠，我前面的人抓住我的兩臂把我扔出去。我的身體在深谷的上空，淩空飛轉九十度，被另一雙有力的大手接住，落到了堅實的地上。在我驚魂未定之時，這些完成了任務的天兵天將像在雲上飛走著一樣跑著下了山，一下子又都消失在山裡了。

一切都是那樣不可思議，我只知道他們是修建寺廟的工人，因爲下雨無法動工，又得知我們進山了，也都一起過來玩兒。

在下山的路上，我們與羅爾悟匯合了，他說：「墨爾多山上沒有路，很多地方要手腳並用。在一個山崖處有一座閉關房，房內很小，一個窗戶，窗前地上有一個四方形的紫色坐墊，後面牆上用紅色油漆寫著藏文「嗡阿哞」。地上只有一個用三塊石頭壘成的小灶台，房內沒有人。房門的朝向是萬丈懸崖，老鷹在腳下的雲霧中盤旋，我扔下一塊大石頭沒有聽到石頭落地的聲音，很危險，最好不要去了。」

聽從了羅爾悟的建議，我站在濃密的森林中吸吮著泥土和樹木的芬芳，久久不願離去，這裡毋需言語毋需思想，一切的靜謐極待你默默地感受。難怪良美大師和諸多密宗修者要來到這嘎達山閉關，確實是有：藏天然之祕，蘊萬古之靈奇呀。

雍仲拉頂寺

萬綠叢中的雍仲拉頂寺（2010年攝）

李西活佛告訴我：「雍仲拉頂寺是本教的大寺廟，離良美大師出生的家只有 10 公里路程，少年時期的良美大師，對佛法如飢似渴，他曾在那個寺廟學習過，你應去看看。」李西活佛安排僧人羅爾悟帶我前往參拜。

我們在金川縣城乘公車 40 分鐘後，在安寧鄉莫莫紮村大渡河鐵橋旁下了車，隔橋相望，可見一座金色琉璃瓦掛頂的建築，羅爾悟告訴我這就是雍仲拉頂寺。

我們找到殘壁斷牆的寺廟大門，院內外堆放著磚、瓦、灰、沙、木材等建築材料，幾位工人在安裝水泥攪拌機，一位 70 多歲的老阿嬤和兩個八、九歲的小男孩在推一輛三輪車運木頭。從我們背後走來一位滿頭大汗、背著一筐青菜的年輕女子，羅爾悟用藏語和她交談，才知她是寺廟住持活佛班瑪仁欽的妹妹益西措。她說：「活佛去外地弘法了，是為寺廟募捐修繕款，只有一位來自多登寺 70 歲的老僧人參丹做管家。家人看到活佛為建寺廟十分艱苦，人累瘦了很多，鞋子壞了也捨不得買新的。於是 74 歲的媽媽在五年前，率領全家 18 口人，從老家阿壩來到這裡，全家一起幫助活佛建寺廟。媽媽每天推磚、拉木頭、清理渣土；

益西措說：幫助寺廟做些力所能及的事，特別開心（2010 年攝）

我給工人買菜、做飯、洗衣，抽空也在工地上幹活；九歲的兒子才讓寫完作業就會幫忙推土、扛木頭、和泥。家人都願為建寺廟出點力，這也是自己積累福報的機會。

我站在堆滿建材的院中，望著經堂，正在琢磨從哪裡可以越過木堆、磚堆進經堂看看。小才讓和他的小夥伴還有老媽媽立即放下小推車，跑過來很快給我清理出一條小路。我望著兩個身材矮小、滿臉大汗、渾身沾滿泥土的孩子，心生感動，他們從小受著施與他人的教育……眼前這位偉大的

班瑪仁欽活佛的媽媽帶領著孫子們幫助寺廟建設（2010年攝）

老阿嬤還以她的虔誠和無私影響著後代。

大經堂座東向西，經堂內塑像大部分已完工，中間是祖師單巴辛繞，左右兩側分別是南巴嘉哇佛、辛拉沃嘎佛、大慈母強瑪、良美西繞堅贊、文殊菩薩等塑像。牆壁兩側是精美的五大本尊、大白傘蓋佛母、斯畢嘉姆護法神、六道輪回、大食俄莫隆仁等大型壁畫。

雍仲拉頂，藏語意為吉祥神，是嘉絨18位土司之一的促浸土司屬下的一座雍仲本教寺院。《阿壩藏族羌族自治州藏傳佛教史略》記載，該寺於二世紀一位名叫雍仲拉西的本教僧人所建。藏文獻《藏地木爾多地方史》寫道：雍仲拉頂是八世紀促浸部落第23代和第25代首領，在原有的小廟基礎上修建而成。那時大經堂富麗堂皇，內有繪塑精湛的造像，聚僧達千人，每天鐘鼓齊鳴，誦經朗朗。

《金川史記》記載，大金川土司名莎羅奔，為擴大地盤，將女兒阿扣許配給小金川土司澤旺，阿扣與澤旺的弟弟良爾吉私下偷情，兩兄弟反目成仇。莎羅奔趁機派兵攻打小金川，川陝總督和四川巡撫派要員前往兩金川調解，莎羅奔殺了調解官，川府稟奏了清廷。乾隆12年初（1747年），乾隆皇帝改變了不干涉土司自相爭鬥的承諾，要使這些土

1980年四川省佛教協會批覆，廣法寺重新恢復成雍仲本教的雍仲拉頂寺（2010年攝）

司聽命於朝廷，於乾隆12年3月三次下諭，派雲貴總督張廣泗率領大兵進剿大金川，剿滅莎羅奔。乾隆帝調兵六萬，耗銀960萬兩，打了兩年多（1747年～1749年），金川土司仍安居本地。

　　22年後，大小金川的土司又發生爭鬥，乾隆皇帝再次龍顏大怒，用兵約22萬人，耗銀約7000萬兩，歷經五年（1771年～1776年），陣亡清軍和百姓約四萬人，終於拿下大小金川。乾隆皇帝為穩定兩金川，加強對西藏的管理，做出兩個決定：一、廢除金川土司制度，由政府派官員管理；二、拆毀雍仲拉頂寺，於原址建廣法寺，推廣藏傳佛教格魯派。並指令將軍阿桂，將該寺拆下的木料、銅瓦及裝修華美什件作為戰利品押運進京。派駐京堪布桑宰敖特爾帶了16名頭戴黃帽、身穿黃馬褂的弟子，高舉乾隆皇帝親書「正教恆宣」的匾額，前往廣化寺，並從拉薩調入百僧，建寺、塑像、購經書，寺廟的一切費用，皆由清政府直供。這樣的待遇隨著清政府的滅亡而結束。

「山上還有兩座白塔」，羅爾悟按照管家手指的方向，帶我上山尋找。 莫莫縶村依山伴水，土地肥沃，家家是青磚紅瓦的四合院。我們在寺廟東南方山上樹林中，果然發現一座破損的磚石結構佛塔。塔高約70公尺，象徵八大洲的塔基已被開著小黃花的雜草掩蓋。塔座部分磚石脫落，塔身暴露出磚石，塔刹上的十三層相輪只剩下九層，上面的華蓋已蕩然無存，顯得有些凄涼。在經堂後山樹林中，我們又找到了第二座風化嚴重的佛塔。塔身高達約70公尺，外觀粗樸，四方形塔基，實心。全塔比例勻壯，在塔身上可見繪畫的法輪、珠網、纓絡等圖案。殘留的綠色琉璃磚碎片富有光澤的釉色，在正午的烈日下，閃耀出滄桑。

眼前的佛塔，雖然失去了往日光彩奪目的輝煌，但它的精神依在，不論是雍仲本教的佛塔還是佛教的塔，它都是和諧、正氣的象徵，都是提供人們心靈慰藉的精神港灣。我腦海中又浮現出年少的良美大師身披袈裟、吹著海螺，行走在僧人如織的隊伍中繞山、繞塔⋯⋯

在正午的烈日下，歷盡滄桑的白塔依舊正氣雄渾（2010年攝）

瓊龍寺出家

良美大師出家的瓊龍寺（2014年攝）

建好的良美大師紀念館（2014年攝）

2014年9月末，李西活佛告訴我良美大師紀念館已經建好，我很想前去朝拜，便請好友阿龍開車帶我去。果然，藍天白雲下一座如壇城般彩色藏式建築物聳立在不高的山坡上。負責管理紀念堂的是朗依寺畢業的格西嘉揚尊珠，他熱情且真摯，滔滔不絕地給我介紹良美大師的功績，並告訴我良美大師出家的瓊龍寺，就坐落在甘孜州丹巴鄉巴底邛山土司山寨上方的山頂上。

我聽到這個消息，非常興奮，立即起身告辭和阿龍一起開車前往瓊龍寺。我們開車出了金川縣城，沿著311國道，一直奔向美麗的丹巴縣。丹巴古稱「章古」，嘉絨語意為：岩石上的古堡，曾是古代東女國的首府。

車子開了約一個小時，看到公路上寫有「巴底邛山土司山寨」的路標，路標下右側有一條土路伸向山谷。路口有座白塔，塔身上畫著紅色的雍仲卍字元號，通過白塔的壺門看到裡面供奉著一尊達拉本尊神像。

巴底邛山土司山寨的路標（2014年攝）

公路旁的達拉本尊白塔（2014年攝）

　　我們的車子右拐，沿著山路往大山裡開，路旁是一棵棵粗大的古槐和滿眼的灌木叢，視野內不斷呈現出層層疊疊的無盡山峰。這就是著名的莫爾多山脈，山形高大圓潤，植被茂密，可看見在陡峭山頂上飄動的風馬旗和藏族村落。異樣清澈的天空告訴我，腳下海拔應有5000多公尺。

　　我們翻過一座山又翻過一座山，路越來越窄，阿龍雙手緊握方向盤，左拐右繞小心翼翼地貼著山根走。我們又轉過一個山頭，一座更高的山峰展現在面前。遠處山谷中，一幅富有動感的絕妙山寨畫卷展開在眼前。數十座碉樓在正午的陽光下，顯得氣勢恢宏，恬靜如詩。

　　這就是著名的嘉絨十八土司之一的巴底邛山土司山寨，也稱巴底邛山土司夏宮。據專家考證，這裡的古碉距今已有上千年。古碉牆體挺拔堅實，外觀有四角形、五角形、八角形，高度多在30米左右，最高那座高達60公尺。

　　我們從村口左轉順著山路往上開，10分鐘後隱約看到山頂的房子。我們改為步行上山，見一院落的後門虛掩著，推開木門，乾淨整齊

少年的良美大師曾在這裡剃度、誦經、修法、學習（2014年攝）

的院落內有兩座坐北向南經堂樣子的建築，西側是兩層木質簡易房，東側是兩間低矮的土房，院內靜悄悄的。

從東房裡走出一位老僧人，他用疑惑的眼神看著我。當阿龍向他說明我們專程來朝拜良美大師出家的這個寺廟時，老僧人笑了，連忙從腰間取下一串鑰匙，打開經堂的大門讓我們參觀。

良美大師10歲在這裡落髮出家，上師恰·雍仲堅贊送給他法名：良美西繞堅贊，意為智慧法幢。

經堂內約100多平方公尺，四個紅色柱子，佛龕中間供奉著主尊南巴嘉哇佛塑像，左右兩側分別供奉著大慈母、良美大師、文殊菩薩等塑像，兩側牆壁上畫著本尊、護法的大幅畫像，地上整齊地擺放著兩排禪凳。不大的經堂內顯得肅穆、清靜、溫馨。

大經堂的一角（2014年攝）

　　我點燃一枝香，輕輕放進香爐，雙手合十，向空中的良美大師深深地致敬。腦海中浮現出良美大師童年時的畫面：紫紅色的袈裟，求知的眼神，堅韌的意志和倔強的性格，在酥油燈下孜孜不倦地閱讀……

　　老僧人邀請我們去他的房間喝茶，並從鍋中端出一盤熱氣騰騰的包子給我們吃，「這是核桃葉餡的，沒有肉，你們嘗一嘗。」老僧人溫和地笑著把一盤包子端到我面前，我邊吃包子邊聽老僧人講述：

　　「我叫雍仲達爾吉，67歲，瓊山村人，自幼出家，相傳這裡古時水災多，鬼魂多，後飛來一隻瓊鳥，降伏了這裡的水妖鬼怪，一切都太平了，人們就叫這裡是瓊山。寺廟有800多年歷史，最早是巴底邛山土司的家廟。溝內六個生產隊，百姓都是本教信徒，目前寺廟有五位出家人、三位常住，沒有住持、沒有堪布。良美大師10歲在這裡出家，從

僧人雍仲達爾吉給我們講述少時良美大師的故事（2014年攝）

良美大師的家鄉獨角溝到這裡有38公里，大師那麼小年紀就離開家鄉來這裡修學佛法，真的很了不起啊。

「良美大師遠離家鄉，選擇這裡出家完全是上師對他的吸引。上師恰·雍仲堅贊是有修有證的高僧，而且持戒謹嚴，指導弟子有方。兒時的良美大師聰明好學，刻苦虛心，嚴遵五戒，全身心依止上師，將上師的加持納入自己心的相續中。上師非常呵護這個小弟子，為他的特別悟性和根器驚歎不已，給他傳授了史嘉則朗和瓦嬤等護法神方面的密法。弟子也以上師為榜樣，認真修法，不驕不躁，相繼得到聲望甚隆的頗則·益西堅贊、瓦瓦·昔饒堅贊、索朗堅贊、廓波·朗登鄒普、帕公大師等成就者的讚美，他們一致認為這位小喇嘛將來一定會成就一番大事業，主動給他諸多甚深法脈的灌頂和教誨，為良美大師成年後的修行打下了堅實的基礎……

我站在院落中，遙望四周山巒重重，樹林蔥蔥，頭上的藍天白雲把這個深山中的院落襯托得別樣的寂靜、清澈。這是一片沒有被污染的淨土，裡面留有太多的修行人有形和無形的資訊，祝福眼前這位老僧人今生修行成就。

【第二章】眾人稱他第二佛陀

成爲支氏法脈傳承人

古樹見證了這裡曾有的富饒（2010年攝）

歷史上人們稱良美大師為第二佛陀！他做了什麼樣的偉大事業？他掌握了什麼密法？他都證悟到什麼？他修建的曼日寺為什麼是雍仲本教的主要傳承？這些問號，一直困擾著我。2010年6月末，我乘飛機到拉薩，與在那裡等我的好友肖茵老師會合，她陪我前往耶如溫薩卡和曼日寺一探究竟。

　　西藏6月的太陽火辣辣，司機江平駕車帶我們沿著雅魯藏布江，一直向南木林縣妥佳鄉駛去。距今有600多年歷史的大辯經場耶如溫薩卡和曼日寺就坐落在那裡。三小時後，我們到達雅魯藏布江達布加渡口，一隻嶄新的大鐵船停靠在水流湍急的江邊，負責擺渡的兩位師傅，從木屋小窗中探出頭與江平搭話。江平指著雅魯藏布江對岸的群山告訴我：「那個山的後面就是溫薩卡和曼日寺。」10分鐘後，我們的車子乘著擺渡船到了江對岸，穿過約300公尺寬的河灘地，經過兩、三條小河，翻過三座光禿禿的大山。異域荒涼的路上沒見到一個人。終於看到綠色，兩排古老的柳樹在靜謐的山野中延伸著，粗大堅硬的樹幹，盤根錯結的根莖，看來數百年前，這裡曾是大片的樹林，有充足的良田和美妙的村莊。

　　穿過古樹林，閃出一座座石屋，透過低矮的院牆，可看到院落中的大朵芍藥花、向日葵，還有優閒的花奶牛，這裡是白薩村。我們的車子穿出村莊，又翻過三、四座大山，沿著滿目荒涼繼續向前。因乾燥少雨，光禿禿的山上沒有綠色，不見生命存在的痕跡，只有山頂上的積雪綻放著白光。

　　忽然，干戈沙灘遠處，出現幾座堅硬的黃色土牆，孤零零地站在山野碎石中，它像海中正在乘風破浪駛向遠方的船帆，又如暴風雨後的殘荷，堅強而悲壯！江平興奮地說：「那就是大辨經場——耶如溫薩卡！」

　　停車！望著備感蒼涼的遺址。我沿著布滿山石的乾河床，深一腳淺一腳奔向廢墟，感覺腳下的每塊石頭、每塊阿嘎土、每粒沙塵都藏著祕密。良美大師建寺修法的故事畫面，如電視劇般在我腦海中一幕一幕閃出。《良美大師傳》中記載，溫薩卡是本教南卡雍仲喇嘛於西元1072年創建，是雍仲本教六大世系之一的支氏家族官邸，又是集顯、密、大圓滿一體的雍仲本教講修大道場，常住僧侶曾達三千多人，在良美大師以前，已培養出18位成就者。良美大師就是在這裡，拜第十八位大

耶如溫薩卡遺址（2010年攝）

成就者克珠仁青羅珠為師，接受了250條比丘戒。尊者銳利的眼光，看出眼前的這位看似普通的僧人將是雍仲本教一切法脈的唯一傳承者，便將支氏家族的《修行十五法》、《光明單傳》、《經驗單傳》、《脈風獨傳》、《往生法》等師徒單傳的深邃密法全部授予他，並帶他到雪山、天葬台、森林中實修，他的修法達到爐火純青。接著，良美大師又在大成就者昔饒羅珠和更絨堅贊座下，得到邦饒等護法神類和瓦賽等本尊類的修持真傳，實修後，獲得無比法力。

　　虛心好學的良美大師，覺得自己的知識還不豐富，又去拜薩迦派大學者榮東‧昔夏更恰為師，系統學習佛教的《般若》、《中觀》、《因明》、《戒律》、《俱舍》五部大論，在各大寺講修院進行立宗辯論。良美大師30歲，以優異的辯才獲得格西學位。31歲進入溫薩卡，依止大智者慈成益西為主的十一位德高望重、學識淵博、道行甚高的高僧，進行系統的聞、思、修學習。上師朗仁‧麥東耿桑給他傳本尊瓦賽和

耶如溫薩卡遺址的一角（2010年攝）

普巴灌頂時，他親見上師幻爲本尊真相。上師將伏藏出的金剛橛，作
爲信物交給他，確認他爲此法脈的傳承人。他在高僧向東索嘉處聽聞
《母續》經典時，親睹慈母尊容，獲得不可言喻的加持。他拜索朗慈成
爲師，獲得密修空行母的各種儀軌傳承。良美大師嚴守密法戒律，從不
顯露神通。支氏家族看到這位來自嘉絨的小和尚廣拜名師，刻苦鑽研本
教顯、密理論，並對修法及儀軌達到融會貫通，比支氏家族的喇嘛更有
影響力，於是，支氏傳承者益嘉和勳嘉兩位尊者作出一個深遠的抉擇，
把溫薩卡和前後兩個大院交給良美大師管理。良美大師把溫薩卡原有的
拖忍、庫論、地道論整理成五大部論，作爲培養格西的教材，創建了戒
學、定學、慧學。正式收嘉察仁青堅贊、索朗堅贊、更噶王登、昔饒僧
格、木雅索朗等三十多位大學者和百餘名熟諳內、外、密修行儀軌的行
者爲弟子，並完成因明學和心密法方面的注疏、論著。實現了自己爲支
氏法脈傳承貢獻畢生的誓言，完整地保護了支氏家族的傳承。良美大師
初轉法輪，知玄講經，僅僅幾年，他的才華傳遍西藏，成爲大家公認的
大學者。無數求法者，從拉薩、那曲、阿里，岡底斯山、安多、康巴等
地風湧而至。

空行母、護法的密意

　　西元1404年，良美大師回家鄉探望父母後踏上回寺之路。走到四川康定時，遇到後藏來的幾位僧人說：「溫薩卡發生地震，山體滑坡，您們的禪林被洪水沖垮了……」良美大師聽後十分悲痛，他爬上康定的跑馬山在山洞中猛修密法。他在禪定中得到護法神斯畢嘉姆的示意：「溫薩卡損壞是眾生業力所致，《大品般若》和珍貴法器是你未來弘法的信物，現有護法神守護，那裡有你需要的東西，不要在此久留，不要難過，快去你的道場……」良美大師聽從護法神的指示，連夜帶領弟子仁青堅贊直赴溫薩卡。師徒二人在金沙江畔等候擺渡船時，巧遇格魯派創始者宗喀巴尊者一行。良美大師比宗喀巴大師年長一歲，兩位大師一見如故，辯經論道，比試法力，彼此都為對方的顯密兼修、能言善辯、甚深學識以及謙恭禮賢的出家人本色所折服，宗喀巴大師獻給良美大師一首頌辭：

> 大智安樂之最普賢王，不忘總持智慧文殊師，
> 世界本教之首無比者，西繞堅贊我向你頂禮。

良美大師向宗喀巴大師回贈道：

> 無緣慈悲大海觀世音，無障智慧總主文殊師，
> 破除一切邪魔密藏主，雪域聖哲之首宗喀巴，
> 羅桑紮巴我向你祈禱。

兩位大師並約定在弘法事業中互相幫助，攜手向前。

良美大師、仁青堅贊師徒二人日夜兼程趕到溫薩卡，望著往日偌大的禪林被洪水沖刷爲平地，內心的傷痛無法言表。他折了一些松樹枝，走到地勢較高的講修院廢墟中舉行煨桑，懇請護法神斯畢嘉姆幫助。第二天，良美大師果然在河套中找到上師仁青羅珠的法器大拔，支氏瓊嘉的十八函《大品般若》，一個裝藥的金寶瓶。良美大師按照空行母「撫平創傷、生者堅強、一切還要繼續」的指令，在附近的一座山上進入嚴格的心密實修。空行母在良美大師光明夢中授記：「明天，你的一隻鞋子所在之處，就是你建寺的地方。」

　　清晨良美大師醒來，發現自己的一隻鞋不見了，走出山洞，見雪地上有一串狐狸腳印伸向遠方。師徒二人立即沿著狐狸足跡走到10公里以外的妥嘉山上，看見自己的那隻鞋擺放在雪地中的一塊石頭上。不久，良美大師就在那裡修建了曼日寺。

九百年風雨雕刻的精靈

據說這面殘牆的位置原是講修院（2010年攝）

我站在地勢較高的牆基旁，牆體被烈日撒上一層金色，金光又折射在我身上。歷盡世事滄桑的牆體約30公尺高、10公尺多寬、2公尺之厚，如佛塔般頂天立地。我撫摸著堅硬的殘牆，突然有個小東西掉在我手心中，低頭看，是一顆乾癟的土黃色青稞芒。抬頭仔細找，發現夯牆泥土中星星點點有很多青稞芒。是阿嘎土！「阿嘎土」是將黏性很強的一種風化石粉碎，人們壘牆時爲了增加其強度，會加入一些青稞芒。正是古人的精湛建築工藝，使得眼前這沒有木柱、橫梁支撐的高大牆壁，900多年依舊堅挺！我由衷地爲古代勞動人民的聰睿所讚嘆！

　　據說這面殘牆的位置原是講修院，周邊的幾組殘垣斷壁可能是大經堂、護法殿、禪修房。這些一個個經過歲月洗禮鍛造的靈魂，它們像剛強勇猛的護法神一樣，傲倨地守候、護佑著這片淨土。

　　此時我的心緒，說不出是悲是喜是沉重。放眼山巒，蜿蜒大山環圍的溫薩卡占地約千畝，它形如一朵怒放的蓮花，殘牆斷壁又好似不敗的花蕊散發著芳香，地面上的每一塊碎石和阿嘎土，好似都有著靈性，都可以告訴我良美大師的故事。淡淡的紫外線特有的香味夾雜著黃土味漂浮在空氣中，我坐在地上，靜靜地望著藍天，任寶刹幽深的風輕輕地在身上溜過。砂礫地上依稀可見一條石塊鋪成的小徑，一陣微風吹過，路上揚起一縷浮土，我試圖從那小路上看到良美大師的身影……

　　我感恩上師吉美活佛和李西活佛指點我來到此地！應該給他們每人帶一個禮物。想著想著站起身，向來時的小路走去，突然發現地上有一個拳頭大小像木雕的東西，低頭拾起，啊！是塊風化成「小鳥」形狀的阿嘎土。「小鳥」身體有10公分大，兩隻眼睛閃著亮光，尖尖的嘴巴，兩個翅膀收攏著，還有兩隻腿和腳，活靈活現。900年的風雨把一塊阿嘎土精雕得如此生動而逼真！吉美活佛是大鵬鳥的後裔，這個就送給他吧！我連忙從背包中拿出一條哈達，小心翼翼地把「小鳥」包起來。送李西活佛什麼禮物呢？我邊走邊想，又是突然眼前一亮，地上又出現一塊異樣的阿嘎土。彎腰拿起，圓圓的虎頭，大大的眼睛，曲線形的虎背，還有一條剛勁有力的大尾巴。哇！太不可思議啦！李西活佛屬虎，這個禮物就送給他！我驚呆了！太不可思議啦！感謝溫薩卡護法神送給我兩位上師的珍貴禮物！

　　這裡雖沒有綠色，可是四周連綿的奇峰幽谷瀉出滿山靈氣，一切是那麼的寂靜、深邃！我沐浴在聖賢的慈悲中，由心底生起對溫薩卡的敬

畏，對良美大師的敬重，熱淚奪眶而出，我向這塊不尋常的土地深深地鞠了三個躬。大聲喊出！我愛你，偉大的溫薩卡！

曼日寺僧人利用休息時間經常來溫薩卡遺址，緬懷良美大師和古聖賢。

創建曼日寺

600 多年前，良美西繞堅贊大師建立的曼日寺（2010年攝）

午時的烈日很快變成了夕陽，我們不能在溫薩卡久留，只能一步三回頭地跨上車，繼續翻山越嶺。30分鐘後，我們來到熱拉村的維拉爾傑桑山麓，江平興奮地指著前方的山說：「那就是曼日寺！」順著土路的延長線望去，在遠方光禿禿的褐色陡峭山上，隱隱有一座依山而建的赭紅色建築群，可能是房子數量少的緣故，看不出寺廟的輝煌氣派。車子向前行駛著，我隔著車窗目不轉睛地盯著那裡，突然心潮湧動，來自心底的聲音在說：「久違了！曼日寺！我終於看到你啦！」停車！車子還沒站穩，我跳下車向遠方的寺廟深深地磕了三個頭。熱淚奪眶而出！站起身之際，隱隱看到寺廟牆邊站著幾位僧人在望著我們。

　　這裡海拔5000多公尺，一下車就覺得頭輕飄飄，兩條腿像綁了沙袋一樣沉重得邁不開步，身材魁梧的格西西拉雍仲等人從山上跑下來幫搬行李，他用生硬的漢語對我們說：「你們辛苦啦！歡迎你們來到曼日寺！這裡海拔高，你們慢慢走，不要著急！」我和肖茵老師大口喘著氣，慢慢向台階上移動腳步。江平幫我們把中號氧氣瓶扛上二層樓。

　　西拉雍仲安排我們住在大經堂後面的招待室，房內約100多平方公尺，依牆安放著幾張長條木床，房中間有一個大號鑄鐵火爐。西熱尼布、羅爾吉等僧人忙著給我們鋪床單、燒火爐、煮酥油茶。「我接到李西活佛和吉美活佛的電話，知道你們到這裡來朝拜，雖然寺廟負責人和堪布丹增朋措帶領僧人去山下念經祈雨了，你們需要什麼，我們一定滿足你們的願望，千萬不要客氣！今天時間有些晚了，先休息睡覺，明天一早就帶你們參觀寺廟……」西拉雍仲邊給我們倒茶邊對我們說著。我扭頭看看窗外，原本湛藍明朗的天空瞬間已掛上黑幕。

　　我們坐在鋪著厚厚毛毯的木床上，喝著熱騰騰的酥油茶，昏暗的燈光下，西拉雍仲、西熱尼布、羅爾吉等人把我們的被子放在火爐上方烘烤著。「寺廟偏僻，客人少，被子很久沒有用過，用熱氣烤一烤，可以去掉被子裡面的濁氣，睡覺時也暖和。」西拉雍仲又告訴我：他39歲，那曲巴青縣本達鄉人。1996年1月考取格西，現是寺管會委員，負責講修院教學。寺管會有五個人，西拉確丁活佛是主任，丹增朋措堪布負責教課，1995年三十三代曼日法王在這裡舉行良美大師的法座授權典禮，傳授了大量甚深的灌頂、經文和訣竅……

　　夜深了，我和肖茵老師分別睡在木床上，江平側身睡門口角落的木

床。火爐上的大號鐵壺呼呼地冒著水蒸氣，把屋子熏得暖暖的，天上柔美的月光透過小窗靜靜地照在我的臉上，望著夜空上的滿月，心情異常興奮和激動，今天自己竟睡在第二佛陀——良美大師創建的曼日寺裡，親身感受良美大師留下的資訊，一切好像在夢中，不知不覺又想起良美大師……

　　西元 1405 年，良美大師 50 歲，在支氏家族的鼎力相助下，一座經堂和幾間僧舍在這裡落成，良美大師將寺廟命名札西曼日寺（長壽的藥王山之意）。良美大師廣聞博學，對經典、密乘、大圓滿、灌頂有高深造詣，求法者從藏地四面八方陸續尋到曼日寺。由於學僧多，經堂和住所非常擁擠，他卻多次謝絕權貴施主幫助擴大寺廟的好意。他常對僧人們講「我們是出家修行人，不能學世俗那一套貪圖奢華，相互攀比，這些是出家修行人的障礙，每兩人擁有一個普通的小僧舍就夠了。」並以身作則，自己一直住在窄小的土房內。

　　良美大師看到社會上修行人大多有所偏頗，有些賢哲志士一生進行聞思，不重修持；有些一生隱居僻靜山林修法，而疏於聞思；有些一生講經佈道、辯理論哲，又疏於著述與研究；有些一生致力於研究與著述，忽略佈道和解惑；有的重修法不重戒律；修大圓滿的拋開理論，不重視戒律，自認為是大圓滿，見、修無法融合。良美大師為扭轉這些偏執的現象，他建立以五部理論為顯宗課程，以四部理論為核心的密宗課程，還有心識部、法界部和竅訣部為主體的三種大圓滿課程。將聞思與實修並重授課。良美大師特別強調修行重點是心的皈依，降伏心中的傲慢之心，用教理來調伏煩惱的束縛，使心處於清靜戒律的光明之下，乃至壽終。良美大師常囑咐眾徒：我通曉一切經典，一切法脈聚於我心，你們想聽聞什麼法，儘管提出，不要東奔西走耗費有限的寶貴時光。良美大師持戒甚嚴，過午不食，衣衫樸素，謙恭下士，不沾染世俗的名利、親情、權勢和財富，一心放在教學上……

　　想著想著，忽感到有些胸悶，可能是海拔高缺氧，也許是心情太激動了，我伸手摸到氧氣吸管，擰開氧氣瓶閥門，吸氧，睡覺。我安慰著自己：抓緊時間睡覺，明天還要參觀寺廟！

嚴格的寺規

每天清晨 6 點鐘，曼日寺的僧人開始誦經（2010年攝）

幫助修建寺廟的老鄉（2010年攝）

　　第二天清晨天還未亮，轟轟的莽號聲把我從睡夢中震醒。我和肖茵老師立即翻身起床，沿著獨木梯下樓，尋著號聲和誦經聲走到大經堂門口，見七、八位僧人身披紫色毛氈披風，在專注地誦經。由於氣溫低，他們嘴裡呼出的團團熱氣瞬間變成水珠掛在睫毛上。我和肖茵老師放輕腳步邁進大經堂，在兩個高大的法座前恭敬地行了三個大禮後，準備坐在長條凳上聽經。屁股還沒挨著坐墊，一個僧人快步走來向我倆擺擺手，用生硬的漢語說：「不可以。」他伸手指指地面，示意我們坐在地上，我倆慌忙把屁股移到地上。哇！一股冰涼的寒氣立即衝進我的腰背，頓時好像掉進冰窟窿，全身冷颼颼。我馬上起身蹲在墊子旁。肖茵對我小聲說：「太涼了，這樣會生病的。」她也連忙起身蹲在墊子旁。我蹲了一小會兒腿就麻木了，為了緩解腿腳的不適，我把雙膝搭靠在坐墊邊緣上，還沒到一分鐘，那位僧人又走過來向我擺擺手，示意我不能接觸那個坐墊。我看看那個僧人心想：曼日寺的僧人這麼不慈悲！連坐墊邊緣都不讓沾，聽說過曼日寺戒律特別嚴格，但沒想到這麼不通人情！無奈，我倆只能很掃興地退出經堂。

朝拜曼日寺的姑娘（2010年攝）

　　良美大師建立曼日寺時，西藏顯密教法正處於衰微時期，各個寺院戒律鬆懈，除少數大德外，一般僧人隨心所欲。良美大師大膽做出改革，提出必須遵守的三條寺規：一，僧人要住在寺廟，沒有特殊事，俗家男女不能隨意進寺廟；二，沒有授戒的僧人不能進入經堂學習；三，具戒但不著禪衣、禪墊者或僧衣穿戴不整者，不准入經堂誦經，入經堂者不准大聲喧嘩和跑跳。並在講修院的四周豎起警示牌，整頓戒律，以正綱常，僧俗共同遵守。

　　從此，曼日寺成為真正清規戒律的道場，成為本教寺廟的楷模，同時雍仲本教的律宗得到極大的發展，本教寺廟都派僧人到曼日寺學習，接受比丘戒和三昧耶戒，在曼日寺學習歸來的僧人，備受尊崇。良美大師還破除了藏地傳統的活佛轉世制度，寺廟不再是家族和個人的私有所屬，曼日寺是純粹脫離家族史為背景的宗教場所和教育基地。雪域人稱良美大師為第二佛陀。

泉水・紅塔

曼日寺第二十二代堪布索南洛珠仁波切住過的房子（2010年攝）

西拉雍仲吩咐學僧羅爾吉帶我們參觀寺廟。大經堂旁有一間塗著紅、黃塗料的藏式小房子，印有藍色卍字的白色雨搭，遮蓋了大半個門窗，房內面積有四平方公尺，這是曼日寺第二十二代堪布索南洛珠住過的房子。

大經堂下方的牆邊有一座石塊砌成的空心小塔，這裡曾經發生過一件稀奇的故事。

當年，良美大師沿著狐狸腳印尋鞋來到這裡，看見兩名噶舉派瑜伽士在收拾行囊準備起程，他倆對良美大師一行人說：「你們師徒來此，我們要離開了。」「為何離去，咱們都可以在此修行，會相安無事的。」良美大師誠懇地邀請兩位瑜伽士留下。二人執意要離去。良美大師說：「既然如此，咱們一起燒茶共飲，你們再下山。」瑜伽士道：「這裡離水溝遠，會耽擱很長時間。」大師笑笑，轉身用禪杖輕輕往地上一戳，一股泉水涓涓流出。二位瑜伽士見狀，驚奇地說：「我倆在此多年，一直去很遠的溝中背水。您初來此地，就見泉水噴湧，緣起吉祥，可見大師才是此地的主人。」

經堂左下方草地上，有一座兩公尺多高塗著紅色塗料的方形塔，塔的四周懸掛著經幡。在廣闊天地之間，這座小塔顯得那麼平凡、質樸。這就是良美大師圓寂、荼毗的地方。

西元1415年夏季的一天，良美大師召集眾徒在這裡搭起帳篷，他白天向弟子傳授《象雄大圓滿》和《耳傳實修》類訣竅，夜晚向天道、龍、地祇眾神說法、灌頂。良美大師叮囑弟子仁青堅贊：「持明加持的弟子應繼承我的衣缽，坐我的法座，繼承我的講、辯、著弘法利生事業。以後尋找曼日法座的繼承人，首先要在支氏法脈的弟子中尋找根器清淨、品格高尚，獲得格西學位的佼佼者若干名、祈禱三寶以及各位護法神，舉行寶瓶掣籤，選出者為曼日寺的繼承人。如能遵守，會得到智慧文殊師利的護佑，定能弘法利生，曼日法脈也會永駐世間。今後曼日寺的繼承人，不論見地、修糧、功績都跟我一樣，值得你們尊重和敬仰……」良美大師指定弟子仁青堅贊為曼日寺堪布，並向他傳授了全部灌頂和教授。

藏曆六月八日黎明時分，良美大師確保所有重要教授都已傳授下來，便帶領眾徒實修，進入最高的象雄大圓滿禪定狀態。此時一束金光直射帳篷頂，大師微睜雙眼輕輕地說：「本尊、上師、眾眷屬，從前至

良美大師用錫杖彈出的泉眼，至今還涓涓流淌出清涼的泉水（2010年攝）

今我修行，滌淨業障露本性，法相尊容無二別，同時融於安樂界。」言畢，大師仰望虛空，平靜地閉上眼睛，發出「嘿」的一聲，智慧融於法界，實現了自然涅槃。此時，大地震動，草木顫抖，天空雷聲轟鳴，下起了鵝毛大雪，瞬間群山銀裝素裹，花兒低下頭，鳥兒不再鳴，天地一切都在為人中之師的涅槃致敬。

第二年藏曆正月初五，良美大師法體按照傳統儀式，準備茶毗。這時奇蹟發生了！良美大師法體自燃起了的紅、藍、白三色火苗，很快，白煙升騰，異香繚繞，熊熊烈火形成一個天篷。天空中飛來一隻雄鷲隨虹光而降，在火堆上空盤旋三圈，稍即停留，便向西方飛去。信徒們見此驚訝不已，仁青堅贊等高徒看見良美大師靜坐在虛空中，用神識答應弟子：每年的正月初五與持明者和空行母一起幻化成鷹鷲，親臨人間看望大家。言畢，融於法界。

我低頭看著紅塔四周的片片嫩草，這是良美大師在人間最後駐足過的淨地，腦海中浮現出良美大師涅槃前，日夜講法的情景……

這時，從旁邊的草叢中露出兩隻倉鼠的小腦袋，牠扭著頭瞪著兩隻黑又亮的眼睛看著我，好像在腦海中尋找對我的記憶。我也猜想：難道這是哪位僧人的轉世？和良美大師有什麼緣分？這裡的生靈真幸福呀，每天可以得到聖地的加持。

羅爾吉告訴我：正月初五是良美大師的誕辰，參加法會的信眾很多，有本教的，有寧瑪派的，有格魯派的，法會一直到正月十五日才結束。

歷代曼日成就者的聖物

格西西拉雍仲給我們介紹曼日寺的聖物（2010年攝）

「帶你們去看良美大師的靈塔和鎮寺寶物。」「眞的嗎！」我意外地看著西拉雍仲，他黝黑的臉上帶著肯定的笑容。親眼瞻仰良美大師靈塔是我夢寐以求的。良美大師圓寂火化後，留下三顆色澤晶瑩如喜鵲蛋大的舍利，其中一顆帶聲光飛升天界度化眾生，一顆飛入龍界，一顆剛剛飛起，繼承人仁青堅贊伸手去抓，舍利飛快地鑲進大石中，後被在曼日寺學習22年的索成尼瑪俄色修建靈塔時，將這顆舍利安放在靈塔中。沒想到，我的奢望就要實現啦！

我們跟隨西拉雍仲和西繞尼布來到大經堂內的一個小木門前，門上掛著兩把大鐵鎖，西拉雍仲從腰中掏出一大串鑰匙，分別打開兩把大鎖。「這是安放良美大師靈塔的寶庫，不許拍照呀！」西拉雍仲叮囑著，並讓西繞尼布隨手把門栓插好，不讓其他人進入。我緊跟著西拉雍仲，第一個邁進這個神祕的小木屋，在織光燈泡的溫柔照耀下，見四座靈塔整齊地安放在高大的供台上，其中一座靈塔在五色哈達的簇擁下顯得格外的親切和莊嚴。香案上供著四個裝滿各色寶石的大號曼札盤，三盞油燈碗裡的燈芯閃動著，發出吱吱的燃燒聲。西拉雍仲整理一下身上的袈裟，輕步走到塔前，恭敬地伸出雙手，掌心向上，「這中間是良美大師的靈塔，左側是曼日寺第一代主持桑吉旦眞的靈塔，右側是曼日寺二十二代繼承人索蘭洛珠的靈塔，依次是曼日寺第二代住持慈成旺登的靈塔……」我們聽著西拉雍仲的介紹並按他的提示，取出事前準備的白色哈達，恭敬地將哈達輕輕放在供桌上，向靈塔行了三個鞠躬禮後用前額輕輕地碰三下供桌邊，祈求得到良美大師和各位聖賢的加持。

西拉雍仲彎下腰，頭碰觸了一下供桌邊角處。他又伸手從腰中掏出那一大串鑰匙，「讓你們看看曼日寺的鎮寺寶物。這些不隨意讓人看，你們專程從那麼遙遠的地方來朝拜，讓你們滿意而歸！」西拉雍仲邊說著，邊帶我們轉進靈塔旁的一間小屋，在一幅大唐卡下方的一個保險櫃前，他雙手合十，嘴中輕輕地誦著經。之後，他用三把不同的鑰匙分別打開保險櫃的三層厚鐵門，雙手抱出兩個黃色絲綢包裹，小心翼翼地放在旁邊的條案上。他用右手捏起身上袈裟的一角捂在自己的口鼻上，用左手輕輕打開包裹。我屏住呼吸，雙手合十，雙眼盯著包裹，啊！佛像、舍利寶盒、金剛橛、袈裟、頭蓋骨……足足有二十幾件寶物。西拉雍仲一一給我們介紹：「這是伏藏大師辛欣魯嘎伏藏出的紫銅金剛橛；這是瓊果札大師伏藏的普巴金剛橛；這是避邪禳災的佐秋嘎堅佛像；這

是大譯師東青圖卿用過的平鈴；這是索南洛珠伏藏出來的祖師單巴辛繞的舍利；這是祖師單巴辛繞牙齒變成的左旋海螺；這是施主供養給良美大師，大師穿過的顯宗蓮花鞋；這是良美大師傳法時穿過的法衣；這是良美大師的頭蓋骨，上面有法身佛普賢王如來的像；這是賽西活佛的頭蓋骨；這是賽薩空行母的頭蓋骨；這是年南大師的頭蓋骨……」

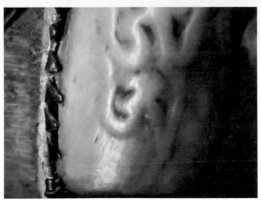

雍仲本教成就者的頭蓋骨（西藏曼日寺提供）

曼日寺獲得政府頒發的愛國愛教錦旗（2010年攝）

　　看著一件件神奇、震撼、攝人心魄、極爲罕見的稀世法寶，我驚呆了！尤其是良美大師的頭蓋骨，上面的普賢王如來像，手、足、面頰、五官是那樣清晰。索南洛珠的頭蓋骨上有一個如高浮雕的透明、剛勁的藏文「阿」字，堪尼瑪的頭骨上呈現的空行母均勻飄逸的身材，一雙靈動的大眼睛還在笑呢！眞是不可思議！這些成就者是怎樣修成到這種程度？

房內柱子上懸掛著一個有陽光射紋的銅鑼，這是良美大師在溫薩卡遺址中挖出來的，因多年使用，聲音的震盪使得銅鑼面上形成射紋。西拉雍仲用木槌敲了一下銅鑼，整個經堂嗡嗡作響，銅鑼在微微顫動中迸射出一股神光，直射在我們每個人的臉上。我的心動了一下，頓覺一股清涼的能量衝進我胸中，全身麻麻的。

　　今天能夠瞻仰到這些成就者的修行果實，要感謝一位曼日寺的老僧人。

　　1959年由於西藏叛亂分子鬧事，地方不得安寧，曼日寺三十二代堪布喜饒洛珠和羅朋丹增南達商量決定放棄寺廟，僧人們各自回家。將良美大師靈塔及珍貴聖物送到那曲惹雍措湖畔掩埋，並讓僧人達西負責看護。文革時有個文物販子聽說此事，想私吞這些文物，對已經還俗生子的達西進行無休止的拷打，達西一口否定掩埋文物之事。1981年黨的十一屆三中全會召開，黨的民族宗教政策開始落實，在政府相關部門的勸說下，1983年達西將文物取出回歸給曼日寺，政府相關部門表彰了保護國家文物有功的達西。1984年國家撥款19萬元幫助修復曼日寺，全部文物供奉在曼日寺內，國家頒發給曼日寺一面「文物保護單位」錦旗。

　　曼日寺不僅保護了國家珍貴文物，而且全體僧眾潛心修行，遵紀守法，多次被該地區評為先進模範單位。

雖然很苦，
但願意在這裡

這是僧人們能吃到的稀罕的唯一綠葉菜（2010年攝）

西拉雍仲帶我們去喝奶茶。我們走進一排低矮的土房，屋內光線很暗，一位僧人正在灶臺上煮酥油茶，他熱情地伸手指指地上兩個紅色的氈墊示意我們坐下，掀開熱氣騰騰的鍋蓋就給我們盛奶茶，並連連說「洽！洽！」（吃！吃！）這是一間乾打壘的土房，沒有任何裝修，四面牆壁被炊煙熏得變成黑色，灶台旁木桌上一個鋁盆內放著幾捆幹黃並有些腐爛的小白菜。這樣變質的菜能吃嗎？難道這裡的僧人就吃這個？我愣愣地看著這一小堆菜。西拉雍仲走到我身旁說：「這裡海拔5600公尺，高寒缺氧，晝夜溫差大，最低氣溫零下30度，每年大雪封山長達六個月，僧人們一年也吃不到一頓綠色菜，這些菜是很遠的老鄉們送來的，是很稀貴的呀！這裡生活很艱苦，吃的只有青稞麵和馬鈴薯，但是僧人們都願意到這裡來學習，只是目前寺廟沒有資金，解決不了吃住。」

這是人際罕見的不毛之地，高寒、空氣稀薄，本應吃高熱量的食物抗寒，青稞馬鈴薯怎能產生熱量？這奶茶是僧人們僅有的乳品和蛋白質來源，我不忍心喝下已經端在手中熱騰騰飄著奶香的奶茶，連忙把奶茶放在灶台上，向煮茶的僧人說：謝謝！謝謝！我不習慣喝奶茶！含著眼淚退出廚房。

身材魁梧的僧人西繞尼布是1987年來曼日寺，格桑尼瑪上師說修行不是為自己，是為大眾的，修行完全靠自覺。他記住了師父的教導，認真做好寺廟安排的每一項工作。他曾負責放馬（馬是寺廟的運輸工具）、廚師、倉庫保管，由於雜事多，一直沒有完成格西課程。1997年他又繼續學習顯宗五部理論、四部密宗、三部大圓滿以及大小五明學科，爭取考取格西學位。雖然寺廟生活條件很差，他說這裡是良美大師建立的寺廟，可以學到非常殊勝的教法，覺得再苦也值得。

我再次登上山坡，遙望遠處山上的天葬台和海拔6000多公尺山上專修大圓滿的喀那寺。看著錯落有致的曼日寺建築群和六大康村遺址，這些實實在在的資訊，衝擊著我的內心，掀起波瀾……我深深感受到良美大師的光輝和溫暖仍在曼日寺中。

良美大師認為堅持法脈的清淨傳承，是正法永駐的根本原則，他沒有破舊立異，而是一生致力於先輩失散著述的梳理，深入經典的注疏，廣集博采，歸納演繹，以使顯密經典理論在邏輯上的統一圓通。良美大師一生著作約700部書籍，有庫藏部、般若部、因明、中觀、律藏部、

西藏曼日寺（2010年攝）

在寺廟外修法的人無比快樂，他們每天誦著經、放牧著犛牛（2010年攝）

仁欽洛珠活佛帶領僧人在村中開祈雨法會（2010年攝）

密宗灌頂修證類、吉邦類、酬神類、讚頌類等。他建立了嚴格的管理體系和學經制度。他提出的教學綱領是：佛法根基爲戒律，佛法精髓爲密宗，佛法極頂是大圓滿，明燈爲講修。這四句總結一直影響著整個雍仲本教信眾，曼日寺成爲本教的中心道場。

聽說仁欽洛珠活佛和羅朋丹增朋措帶領17位僧人在山下村中誦經祈雨。祈雨的密法是支氏家族的傳承，非常靈驗。我只在武俠電影中看到大師呼風喚雨，難道世間眞有此事？好奇心促使我們離開曼日寺，開車奔向村莊。這個地區屬高原內陸乾旱氣候，聽說附近幾個縣一年沒有下雨，寺廟見狀危急，出面向龍王要雨水。

果然，在村口的一個打麥場上，仁欽洛珠活佛和堪布丹增朋措坐在大號太陽傘下，帶領僧人正在誦經，村民們坐在地上虔誠地祈禱。聽說已經連續念了六天經。湛藍的天空上不見一絲雲，強烈的陽光照在身上，散發出紫外線的焦糊味。天空仍沒有下雨的跡象。

祈雨儀軌，是雍仲本教九乘中對生活最有幫助的四因乘內容之一（2010年攝）

仁欽洛珠活佛和丹增朋措堪布看見我們會意地點點頭，我坐在村民隊伍中，看僧人們吹海螺、吹長號、敲打銅磬、向天空拋灑風馬紙。

十幾分鐘後，突然，一股大風夾雜著奇妙的哨聲，從西邊天沿處吹過來，滾滾烏雲將烈日瞬間遮住，雷聲隆隆。本來靜靜聽經的村民們高興得合掌，面向天空歡呼：「龍王顯靈啦！下雨啦！下雨啦！」緊跟著，豆大的雨點霹靂啪啦隨著狂風落在乾枯的土地上，灑在村民們的笑臉上，也淋在我頭上。哇！太神奇！這是我親眼目睹的祈雨法會！否則，再多的人說給我聽，我也不會相信這是眞的。

後來聽說，那場雨一直下了七、八個小時。

穿戴上最漂亮的服飾，迎接龍王的村民
（2010年攝）

村民們在轟隆隆的雷聲中開心的笑著，任豆大雨點灑在身上，不捨躲避（2010年攝）

【第三章】三十三代曼日法王的家鄉

當地人稱他楊喇嘛

山巴鄉的彩繪大門牌樓（2009年攝）

2009年12月下旬，我和師姐王珊朝拜四川雍仲本教郎依寺之後，乘車前往曼日寺第三十三代法王隆度丹貝尼瑪仁波切的家鄉——四川省松潘縣山巴鄉山巴村拜訪。

在穿祖寺鎮路口，接上給我們做嚮導的林坡寺白瑪俄色活佛。車子穿過繁華的鎮中心街，沿著平坦的柏油路向北開，路兩側是大面積新翻耕的土地，一群群的山馬悠哉地在田地裡啃著乾草。這裡海拔3500公尺，早晚溫差大，太陽升起後，氣溫迅速升高十幾度，照在身上暖融融的。30分鐘後，我們的車子開進山巴鄉的彩繪大門牌樓，見鄉政府辦公樓、茶樓、小學校、山巴寺和一排排彩繪的民宅。

山巴鄉有十幾個村子約上萬人，山巴村有100多戶人家，約600多人，大多信仰雍仲本教。白瑪俄色活佛帶我們走到村莊的西北角，推開一個畫有獅子滾繡球彩色圖案的大木門，院內整潔乾淨，明媚的陽光照射在二層樓的大玻璃窗上，透出主人安逸幸福的生活。這個院子我並不陌生，2004年法王回國探親時，李西活佛曾帶我和兩位師姐妹前來拜見過法王。

法王的侄子楊奧金塔笑呵呵地迎出來，白瑪俄色活佛向他說明我們的來意，楊奧金塔熱情地請我們上樓喝茶。登上二層陽台，見沙發上擺放著一疊經書。楊奧金塔一邊給我們倒茶一邊自我介紹：「我父親是法王的二哥，我今年64歲，屬虎，曾在西南民族大學教外國留學生藏文，後在家務農，有時幫助弟弟在成都一起做點生意，目前以修行為主，太太亞莫參加山巴寺舉辦的49天加行和修破瓦法，今天考試，傍晚就回來了。」

他拿起一本經書說：「這是《甘珠爾》，共有200多冊，內容包羅萬象，有怎樣做人，怎樣做男人，怎樣做女人，怎樣教育子女，怎樣蓋房子等很多內容。祖師單巴辛繞在天上受了具足戒，他在鳥國一年、猴國一年、人國一年，很多動物看到單巴辛繞戒律好都皈依了他。祖師傳了消滅五毒的八萬四千法門，告訴我們貪、瞋、癡、慢、疑五毒就是魔鬼，自己身上的五毒先消除了，就看不到別人身上的五毒。要瞭解自己的心，自己掌握自己的命運，正確面對死亡，高高興興地走向極樂世界。」他說自己兩年時間唯讀了《甘珠爾》的三分之一，慢慢地讀，認真理解。現在政策好，宗教信仰自由，教派不分大小共同發展。楊奧金塔的漢語講得非常好，他又熱情地給我們講起法王小時候的故事。

楊奧金塔每天都在涼台上讀雍仲本教《甘珠爾》經書（2009 年攝）

　　1929 年藏曆土蛇年，法王出生在這裡，父親名「炯東嘉羅」，母親名「瓦絨薩措莫」。法王有一個姐姐、三個哥哥、一個弟弟。法王出生時，村莊南面的年多神山頂上出現彩虹，三天後才消失。法王小時被尕米寺戈秋丁眞活佛，認定是阿旺納莫傑活佛的轉世靈童，遠近村莊的人們都稱他「楊喇嘛」。媽媽給他取名「嘎楊喇嘛」。法王幼時聰明、身體輕盈，喜歡蹦跳，無論何時臉上總是掛著笑容，見到熟悉和陌生人都主動說話。他能從雞、狗的鳴叫中，知道什麼人走來。村裡人都非常喜歡他。爸爸曾對法王的哥哥說：「如果嘎楊喇嘛眞的是成就者轉世，他的面貌、智慧會自然顯露出來。」法王7歲時，跟山巴寺的恰曾雙塔老僧人學習藏文，吟唱本尊經文、還學會了度量、捏多瑪、繪製彩沙壇城。

　　舊社會西藏地區寺廟多，當地的風俗認爲不去西藏學習就不是眞正的和尚。法王9歲跟隨爸爸去了西藏，在西藏三年參拜、學藏文、讀書，後因母親生病放棄了西藏的學習。回來後，他做了母親的老師，教媽媽學習藏文。法王13歲學會各種法樂的吹奏，並跟隨丹巴仁珠喇嘛學習藏醫、藏藥。那年，他媽媽生病去世了。他爲了幫助媽媽在中陰階

段解脫，專程去若爾蓋的大青山轉山，又在阿壩郎依寺「薩嘎達瓦」法會上，幫媽媽做千萬倍的功德供養。

15歲時，爸爸為了培養他的社會經驗，帶他去成都、西寧做生意，用300頭犛牛換回鹽巴、茶葉和生活用品。1945年法王16歲，藏曆正月初五，在山巴寺的良美大師誕辰法會上，法王在第十六世西熱登比堅贊面前皈依、受戒，正式出家，跟丹增洛珠老師學習文化和經文。法王在山巴寺從倒茶、吹海螺逐步學起，每天不停地做各種事，他會用呼吸吹嗩吶、長號、莽號，聲音特別好聽，在很遠的山上都可以聽到。

法王小時候，經常來到夏德小西天轉神山，在良更山洞、勘卓瑪山洞中閉關修法
（2009年攝）

在藏曆年期間，寺廟都要跳金剛舞，法王180公分的個子，體態輕盈、關節柔軟、脖子長、眉毛濃，跳起金剛舞非常好看！山巴寺屬於良美大師的傳承，誦經的唱腔是獨特的，他的嗓音非常洪亮，領誦經文非常好聽。他性格直爽，心中怎樣想就怎樣說，是個完全可以信賴的人。

1953年藏曆正月，法王24歲，在山巴寺講修學院獲得格西學位。不久，山巴寺的活佛圓寂了，寺廟推薦他擔任寺廟主管，他覺得自己年輕，需要多學一些知識，就拒絕了寺管會的提議。

法王從小愛學習，認真刻苦，從不浪費時間。他每天吃過早飯就到寺廟學經，午飯後再去學。正式出家後，他跟著師父學習各種經文和儀軌，經常去寺廟附近的夏德小西天神山轉山，在山上的良更山洞、勘卓瑪山洞閉關修法，有時還去尕彌寺朝拜。他用信眾供養他的錢印經書、做佛像、建經堂、扶植貧困戶，從不在家裡放一角錢。

法王從小就會做老師，他看到村中有很多因生活貧困上不起學的孩子，他就教孩子們學習，他有耐心、有辦法。他讓孩子們每學習一小時，就在院子中玩一會兒，再學一小時，再玩一會兒。慢慢地增加學習時間，到後來學習半天，休息 10 分鐘，最後可以連續一天上課，幫助孩子們克服了坐不住和上課瞌睡的困擾。

法王從小慷慨大方，愛幫助人，有什麼好吃的都分給大家，把新衣服也送給別人穿。他的藏醫水準非常好，經常自己拿錢給病人買藥。有一年四川爆發天花瘟疫，村民人心惶惶，法王和做醫生的大哥迅速與成都醫院聯繫，快速拿到疫苗，免費給村民打了防疫針。法王拿酒精棉球在村民胳膊上消毒，用針在消毒處畫一個十字，再用一個裝有疫苗的小玻璃管對著劃破的皮膚「呼」地吹一下，俗稱：種牛痘。他們不僅給村裡人打疫苗，還免費給整個山巴鄉和其他鄉的百姓打了疫苗，那年整個松潘地區沒有一個人染上天花。大家都說他不是普通的人，是個特殊的人。

山巴寺

給法王修建閉關房時，從山上滾下的巨石，上面有一個自然形成的金剛杵痕跡（2009年攝）

法王出家的山巴寺就坐落在山巴村中。在藏漢合璧的木質彩繪大門上方，懸掛著黑底紅邊畫有流蘇的橫匾，上面用藏文、中文、英文書寫著「西藏自古本博教－山巴寺－彭磋達傑林」。一條寬大的藍色哈達搭放在橫匾上，給大門增加了很多神祕感。大門兩側的黃銅大轉經筒，像哼哈二將守候在寺廟門口。山巴寺是 1268 年由索蘭活佛修建，後因地震、火災曾六次變遷，現有 100 多僧人。

　　楊奧金塔帶我們邁進寺廟大門。

法王出家的山巴寺（2009年攝）

山巴寺的公開財務帳單（2009年攝）

　　寺廟院落清掃得非常乾淨，因沒有舉行法事活動，院內靜悄悄的，大經堂的門上了鎖。旁邊宣傳欄內貼著財務支出報告，藏地寺廟的財務公開，我還是第一次見到。我們轉到經堂後面，見一片松樹林，這是僧人們的辯經場。以前寺廟沒有辯經課，法王的哥哥從甘肅迭布請來老師教辯經。喇嘛欽尼洛札開創了辯經學校，這些松樹是60多年前法王和僧人們種植的。也許因長年累月僧人們在此辯經，把地踩踏得如水泥地一般堅硬，松樹長的並不高。

　　在山巴寺一間低矮的平房裡，我們見到法王的弟弟如雅傑。他78歲，瘦高身材，顯得非常硬朗。他不會說漢話也聽不懂。楊奧金塔和他說藏語，他笑著連忙拿水壺給我們倒茶，對我說：「法王很了不起，一個人在

法王的弟弟如雅傑（2009年攝）

50年代，法王和師兄們種的松樹（2009年攝）

國外，人生地不熟，建立寺廟，弘揚善法，我十分想念他，我想念他最好的辦法就是好好念經，把念經的功德迴向給他，祝法王身體健康。」如雅傑邊說邊看著窗外，眼裡閃出淚花。屋內設施簡單陳舊，老人沒有因自己是法王的弟弟而搞特殊，沒有因哥哥是法王使自己生活富有。瞬間，我心中生起對眼前這位高僧和法王的敬佩。

我們告別了如雅傑高僧，楊奧金塔帶我們又回到松樹林，摸著一塊大石頭告訴我：「法王從小很有主見，法王的爸爸聰明能幹，家中有100多頭牛馬，在松潘一帶是知名度很高的富商。有一天，法王對父親說：「我想住山洞，在裡面修法。」父親一聽這話非常生氣：「我同意你出家修行，住山洞幹什麼？你這樣做，是在丟我的臉，別人會笑話我，我給寺廟蓋了那麼多房子，你挑一間住就行了。」法王看爸爸沒有同意，就利用爸爸不在家時，拿家裡的木料在後院那個山洞搭建寺廟。媽媽知道了此事，也幫他從家中偷木料，給山洞做了支撐的橫梁並安了一個木門，法王靜悄悄地住到裡面了。

兩年後的一個多天，法王的爸爸聽外人講自己的寶貝兒子住在山洞裡，又氣憤又心疼，親自帶領一幫人把這個山洞拆除了，但為了滿足兒子住山洞的心願，父親就在此基礎上，給寶貝兒子蓋了一個冬暖夏涼的小關房。

就在修建閉關房挖地基時，一塊大石頭突然從山上滾下來，在場的人都嚇壞了，擔心飛滾的巨石會砸毀下方的小經堂。巨石滾著滾著，戛然停在離小經堂三、四公尺的地方，大家跑過去一看，石頭上有一個自然形成的金剛杵痕跡。後來僧人們辯經考試時，答方就坐在石頭上回答問題。我聽著楊奧金塔的講述，手摸著這塊巨石，剛好一縷陽光透過樹枝照在石頭上，清晰地看到一個約25公分長的金剛杵痕跡，太不可思議啦！

做和尚首先要遵紀守法

2004年，法王第二次回國探親（楊奧金塔提供）

法王回國得到省政府的熱烈歡迎（楊奧金塔提供）

　　我請楊奧金塔再講幾個法王的故事。

　　「法王 17 歲時在金川昌都寺，印了卓斯甲版甘珠爾大藏經，供奉在山巴寺。26 歲又一次去昌都寺印經書，奉送給其它的寺廟。

　　「法王的成功，第一是他的寬容心，心寬得心裡可以跑馬，爲別人做事他很高興，第二是自覺遵守戒律。法王的戒律非常嚴格，他回家鄉探親時，我們都渴望他能住在家裡」，法王說：我是出家人，應該住在寺廟。我們家人再三央求法王，最後他在自家佛堂內只住了七天就住進山巴寺，一住就是一個多月。

　　「法王每天五點鐘起床誦經、打坐，中午吃少量米飯和幾口青菜，晚上不吃飯，有時全天不吃飯、不說話、靜默。法王對前來看望他的僧人總是說：『25 條戒律、250 條戒律的核心有四個主要戒：不殺生、不偷盜、不邪淫、不妄語。其中一個做到了，其他三個沒做到是沒有用的，如人騎馬，沒有到達目的地，否則，沒有資格穿和尚衣服。如國家法律遵守 10 分，和尚戒律遵守 100 分，這個和尚也不是真正的和尚。』他還常說：『人們向一個師父磕頭，不是這位師父面子大，是這個人身

法王在山巴村家中的佛堂（2009年攝）

上的戒律值得尊敬。因為宗教就是戒律，寺廟是儀式，穿得漂亮，寺廟法會再隆重，磕頭再多，都是表面的。五毒是人身上的魔鬼，衝動就是魔鬼，用八萬四千個法門降服自己的心，才是宗教。出家人與在家人不能住一起，出家就是沒有家，地球上的生物都是他的親人，要關愛一千億個地球這樣目標的宗教才能稱大乘。三千大千世界是出家人關注的目標，口說容易，做到很難，不能1分鐘2分鐘能做到，必須長久做到才行。』

「法王帶領雍仲本教信眾認真學佛，遵紀守法，愛國愛教，受到國家政府的歡迎。法王在1994年、1996年、2004年回國三次，每次回國都得到縣政府熱情款待，不僅安排法王在縣賓館休息，而且每天都有雞、鴨、肉等豐盛的宴請。可是，法王自出家受戒後，吃三淨肉，從認證法王後就一直吃素。每次回到家鄉看到這樣的美味佳餚，他微笑著點點頭表示真誠感謝，並高興地關照身邊的每一個人吃好喝好，他自己只喝一點點兒菜湯。隨行人員為了讓法王吃好，買了一個電鍋準備單獨煮點麵條給他吃，但賓館出於用電安全，不許使用，法王毫無怨言。

「法王像保護自己的眼睛一樣保護自己的戒律。我去印度在法王身邊兩年學習藏文和英語，信眾送來的牛奶、糖果、毛毯等物品，法王從來不給我吃、不讓我用。他總是說：『這些是施主給寺廟用的，是給僧人吃的，你不是出家人，你不能吃，吃了就如同吃毒藥，這種毒藥是沒有藥可以化解的。雖然我念了消業經，但最終是否可以真的消業還不知道，所以你不能用。』有一天，法王對我說：『你在這裡住了一段時間，我身邊有家人住不方便，時間久了容易讓別人產生誤會，好像是把錢給在家人花，對我影響不好，你回家鄉吧。』我非常理解法王，很快，我就回國了。」

法王安排他當堪布

文明學院的慈中般堪布（2009年攝）

我們邊說邊走，來到寺廟山頂的一座經殿院落前，紅色木門上方的木牌上用藏文、中文、英文寫著：山巴寺文明學院。學院的負責人叫慈中般，2004年法王回家鄉時，看慈中般戒律好，是真正的修行人，法王讓他來山巴寺教課。

山巴寺的文明學院，又稱佛學院（2009年攝）

山巴村田野中的和諧白塔（2009年攝）

　　慈中般自己修心好，對弟子講經真心實意，沒有任何掩飾。來寺廟十年講經九年，每年夏天、冬天都帶著信眾修法，有四天的閉關，有八天的閉關，還有十二天的閉關。他不要任何報酬，說大家做好事他就高興。法會結束後，他還說謝謝大家，大家到山上來修學辛苦了。

　　在院內我們見到了這位慈中般堪布，43歲，山巴鄉人，一臉的憨厚。少年時在山巴寺出家，曾在西藏本日神山閉關多年，慈中般堪布告訴我，2004年法王曾在這個小院內住了15天，他給信眾灌長壽頂，給僧人傳達瑪經、密宗、顯宗和大圓滿。有一天，法王對他說：「你到佛學院教課吧，給信眾傳法，那裡需要你。」而他覺得自己文化水準低，怕辜負了法王的信任，正在猶豫不知怎樣對法王解釋，法王笑著對他說：「你要有信心、有決心把佛學院搞好，不要怕，就像種樹一樣讓樹木扎根，又如燒木炭，必須把木柴燒透，不能半途而廢，要做到底。」法王真誠的話語給了他很大的力量，他把佛學院管理起來，現有60位僧人在閉關。

　　我們正在聽堪布說著，一群僧人走進院落，看樣子他們要上課了，

閉關結束的村民！（2009年攝）

我們向這位無私奉獻的堪布致謝！告辭！

　　站在講修院的門旁，可以俯視整個村莊。田野中聳立的一座白塔，在它周邊是兩座高大的瑪尼堆，五顏六色的風馬旗懸掛在瑪尼堆上，用經幡拉成的大傘蓋就像一座座美麗的帳篷，彎彎曲曲的小溪在陽光的照射下閃著藍波，靜謐地流向遠方。村莊前方是年多神山，後面是夏多神山，右側是瓊根神山、札嘎瀑布神山，左側是懂譽神山。山巴村就像一朵綻放的蓮花，潔淨而安逸。夏天的山巴村一定會更漂亮！

　　在下山的路上，我們遇到七、八位頭裏紅色圍巾的藏族婦女，她們高聲唱誦著八字真言，每個人臉上都綻放出幸福的喜悅。原來她們剛剛結束七天修破瓦的閉關，破瓦考試全部通過啦！她們從自己的口袋中拿出糖果塞到我們各自的手中，並強調說：「這是法會上師父念過經、有加持力的糖，一定要吃！」我雙手接過還帶著體溫的糖果，看著她們快樂滿足的樣子，心中充滿感嘆和羨慕，多麼幸福的人呀！如果城裡人不再為錢為權奔波，也能像她們一樣悠哉悠哉地享受生活，那該多好！

山巴村的幸福生活

幸福的山巴村民（2009年攝）

巧遇法王的二哥，他在修閉語，用心默誦經文（2009年攝）

　　山巴村是一個美麗富饒的村莊，幾乎家家戶戶是大瓦房，還有很多家是二層樓，每個高大寬闊的院落大門上都畫著彩色菩薩像，有的畫著漢地的門神像。每家大門都是虛掩著，年輕人去城市裡做生意打工，家中留守的老人有的到寺廟轉經，有的去轉山，有的聚集到村口小茶館喝茶曬太陽。推開任何一家的大門，院內都是乾淨整齊，靜悄悄的，只有懸掛的經幡在風中唱經，真是不閉戶不失遺，一派安定幸福景象。

　　我們在寺廟旁的一排轉經桶拐角處，巧遇楊奧金塔的爸爸，他是法王的二哥，楊奧金塔對我說：「老人今天修閉語，他不出聲音，用心默誦經文。這是他剛轉山回來，不能與你們打招呼說話。」果然，老人從我們身邊默默走過，看到我們，微微點了一

友善的山巴村民（2009年攝）

曬太陽的山巴村老人們（2009年攝）

下頭，就匆匆向寺廟走去。

　　我們走出村莊，看見在田野中的小河裡架了很多轉經筒，經筒隨著
嘩嘩流的河水悠悠地轉著。這就是藏族祖先發明的水念經。因人們每天
忙於生機沒有時間念經，就把寫有經文的字條裝進封閉的木桶安置在河
流中，河水每推動木桶轉動一次，意味著誦經一遍，轉動的次數越多，
越能給經桶的主人和周邊的人們帶來福氣。據說這河水來自閩江的源
頭——雄中格和大闊山。

　　我們沿著小河往上游走，在一塊高坡下，一股清澈的泉水從坡下的
洞穴中奔瀉而出，強有力的水花形成渦輪，衝擊推動著兩個大轉經筒不
停的咿咿呀呀地轉動。轉經筒的金屬軸承摩擦聲和水輪拍打水花的嘩嘩
聲合奏在一起，像是在演奏一首古老的歌。轉經筒上畫著彩色菩薩像和
吉祥八寶圖，菩薩純淨而溫煦微笑，好像把吉祥呈獻給每一位遠來的客
人。

楊奧金塔給我介紹，這個轉經筒高三公尺，直徑兩公尺，三噸多重，是法王出材料錢，按照法王的設計要求製作的，為了保障品質楊奧金塔親自選料、監工、安裝，裡面裝有一億條德智思經文，轉經筒每轉一圈就是念誦一億遍德智思經。法王說德智思是雍仲本教的四聖辛拉維噶、單巴辛繞、桑波本池、大慈母的真言，同時也是六道佛給眾生的成佛種子，可將中陰身眾生接引到極樂淨土，還可為累世冤親債主及三惡道眾生超度，為現世父母及六親眷屬增加智慧及福德二資糧，淨化無始以來因無明所造的業障，可祛病魔增福延壽。楊奧金塔看著轉動的轉經筒，臉上呈現出滿意的笑容。

法王說：「自己給很多往者超度，希望每位中陰眾生能進入上三道，有時也會產生業力，就讓水幫助自己念經除障吧。」（2010年攝）

宣導和諧的使者

1996 年，法王在四川省松潘地區草原上帶領僧人和信眾做火供法會（赤雍仲提供）

離開法王家鄉，白瑪俄熱活佛帶領我們又來到法王曾學習過的嘎彌寺和法王曾閉關的小西天勘卓瑪山洞。在寺中見到老堪布帕巴活佛和現任堪布西繞雍仲旺傑及寺管會副主任澤仁朗嘉。

嘎彌寺有600多年歷史，1981年改革開放後，帕巴活佛帶領當地百姓修復了寺廟並任堪布。在大經堂旁的一個小院落內，我們見到78歲的帕巴活佛。當我請他說說法王來寺廟的情景時，老人立刻告訴我，他從小與法王是同一個師父，在山巴寺一起修前行引導、破瓦、三脈五輪，一起在五明佛學院學習。法王聰明、善於幫助人，經常輔導成績差的同學。

78 歲的帕巴活佛和法王是同門師兄弟（2009年攝）

法王家中生活富裕，常常拿吃的、穿的分給大家，幫助窮人。法王懂藏醫，精通藏藥與四部醫典，經常自己買藥送給病人。1955年春天，26歲的法王從松潘出發，磕頭朝拜了100多座寺廟和修心道場。27歲時又從成都出發，搭乘運輸車到了康定、雀兒山、貢唐、拉薩、雍仲林寺、西藏辛倉、曼日寺、耶如溫薩卡朝拜，得到五大本尊的灌頂和很多密法。

2004年法王住在嘎彌寺，他陪法王一起住了五天。法王來去匆匆，每天要接待很多信眾，沒有時間休息，在遙遠的地方為本教做出那麼多貢獻。法王反覆重點講戒律，法王總是說：「咱們出家人要講團結和諧，不要違背戒律，對國家法律也要遵守。戒律是做一個僧人的前提，每一個寺廟和居士必須做到的不殺、不偷、不吸毒。」現在本教發展得這麼好，僧人們無論在哪裡都遵守國家法律，嚴守僧人的戒律，受到政府的支持，這些是法王親自帶頭率領的結果。

松潘地區有19座寺廟，其中13座是雍仲本教寺廟，老百姓百分之

1996年法王與西藏地區的雍仲林寺僧人合影（赤雍仲提供）

1996年法王看望西藏日喀則地區的辛倉寺信眾（赤雍仲提供）

1996年法王朝拜西藏葉茹溫薩卡遺址（赤雍仲提供）

八十信仰雍仲本教。法王在松潘舉行長壽佛灌頂法會，這是密法祕傳，來了數百僧人。之後，法王又給數千百姓傳長壽佛，又去五大寺廟灌頂，還給比丘尼灌頂。他是佛祖在世，沒有人可以代替他。帕巴活佛說著抬頭看著天空沉思著，自語道：「我最敬佩他，很想念他，祝願仁波切身體健康長壽。」在旁的寺管會副主任澤仁朗嘉說：「以前一直久仰法王的大名，盼望能見到他，見到他果然名不虛傳，沒有法王的架子，在生活上吃住不講究，入鄉隨俗。他每天傳法，接待信眾，沒有時間休息，身體比年輕人還強壯。」

堪布西繞雍仲旺傑接著說：「法王是宣導和諧的使者，他總是叮囑我們：『僧人要遵守國家法律和寺廟規定，沒有和諧，弘揚佛法和修行都是一句空話，不要搞民族分裂，我們的國家越強大，佛法才能發展更好，才能實現世界和平。』法王還指導我怎樣做好堪布。我們向法王學習，關鍵是行動。」

法王每次回國，各個寺廟都想邀請法王前去講法開示。四川省昌都寺與法王有著特殊的緣分，我找到昌都寺李西新嘉旦真活佛，聽他講述法王到寺廟的故事。

2004年法王與松潘同鄉合影（曼日寺提供）

「2004年，法王從成都民族飯店出發，先到馬爾康地區的三個本教的寺廟看望那裡的僧眾，之後到昌都寺。一路上受到數萬信眾的夾道歡迎。法王非常感動的說：嘉絨歷史上18位土司都是信仰雍仲本教，這次看到不論是禮節還是其他方面都與其他藏地文化不一樣，雖然乾隆打金川後，嘉絨文化淡化很多，但信眾們依舊都會唱誦良美大師頌。從良美大師到現在，33位曼日寺堪布中有22位是嘉絨人。不論是從修煉還是講法貢獻，都屬嘉絨人最優秀，嘉絨與曼日寺有獨特的感情和淵源。

「法王在寺廟住了兩天一夜，就住我房間。法王會說嘉絨話，還找到幾個曾經認識的老人聊天。為了讓法王吃好，我特意從老家牧區請來特級廚師，但法王在飲食上嚴格按照經書中的要求，不吃肉、不吃鹽、不吃花椒、不喝茶水（經文中講：鹽、花椒、茶葉會減弱持咒念經的能量），只吃牛奶、糌粑和番茄，這可急壞了特級廚師。法王到達寺廟當天，就在大雄寶殿給僧人們和信眾開示。法王說：『我17歲來過昌都寺住了兩個月，用卓斯甲木刻版印甘珠爾大藏經，今年77歲又來到這裡，不論歷屆曼日堪布還是曼日寺的人，一致認為嘉絨人最實在、最憨厚、最耿直。大家做到升起次第不容易，要堅持十善，不論是僧人、百姓、老人、小孩都要抓緊時間學佛，開啟智慧。學佛就是獲得智慧的捷

1996年法王回國探親，在草原上騎馬（赤雍仲提供）

徑，要把自己的幾十年時間把握好，不要浪費時間，快樂健康地生活，做個懂禮貌、講道德、遵紀守法的人。不論男女老少都要把良美大師的讚頌背下來，不論在現實生活中還是來世中，保證不會墜入下三道，這是曼日寺第二十二代堪布說的，不是我說的。

『歷史上的卓斯甲土司為幫助曼日寺發展曾做出很大貢獻，歷代的李西活佛和嘉絨三大活佛都曾坐過曼日寺的法台。曼日寺的法台不是有錢有勢就能坐的，要按歷史的傳承，今天的李西活佛在曼日寺擁有一樣的灌頂，一樣的傳法，一樣坐床的資格，這是國內活佛中獨一無二的。』

「第二天，法王說嘉絨地區是龍王的地盤，為了人們的健康和驅除老年人身上的病痛，他又給僧人和百姓們念誦了摧破金剛的經文。法王到昌都寺對我最大的啟發是，本教的法脈很多，都很優秀，但六大家族中支氏的傳承和曼日寺傳承是最需要學習和掌握的。」

聽到這麼多人講述良美大師，讚頌曼日傳承和如今的曼日法王，增加了我對良美大師和法王的敬重與崇拜、增強了接受曼日傳承的渴望，到印度曼日寺拜見法王的想法，在我腦海中激烈翻騰，很快制定了出行計畫。

【第四章】延續法脈，培育佛種

隨著緣分來到印度

尼泊爾多坡地區有很多本教古老的寺廟（童雍仲俄熱攝）

2010年冬季，我和好友肖茵老師一起，終於如願乘機飛到了印度新德里，參拜曼日寺和曼日法王。

　　曼日寺位於新德里西北方約300多公里的西姆拉邦索蘭縣撒確給特山脈上。踏上曼日寺的台階，進入眼簾的法王精舍、經堂、菩提樹、白塔，一切是那樣的親切，這是我第二次來曼日寺。2006年我參訪時，法王在國外，我沒能見到他老人家。

　　我們進入寺廟招待室，看到坐在木質沙發上的法王——隆度丹貝尼瑪仁波切。法王見到我們非常高興，用標準的漢語說：「歡迎！歡迎！」並伸手示意我們坐在他身旁的沙發上。法王讓會說漢語的久美洛智活佛幫助翻譯：「你們從那麼遠的地方來，一路辛苦啦，寺廟條件比較差，有什麼需要的，就直接說出來，一定讓你們滿意而歸！」望著語氣溫和的法王，我去掉了顧慮，直接問起法王開創寺廟的往事和歷史上被稱作第二佛陀的良美大師的故事。法王笑著告訴我：

　　「我小時候，一直有個徒步朝拜聖地的願望。30歲那年和家人吃過年夜飯，就背起行囊從四川出發，開始實現我朝拜神山聖湖的美夢。我首先來到西藏林芝朝拜本教的神山——本日神山，這座綿綿不盡的大山是祖師單巴辛繞曾住棲的聖地，山下的雍仲村中還有從地下升起給祖師的天然石頭寶座，村口的桑日美倉寺是祖師單巴辛繞在青藏高原弘法的第一個道場。之後去了雍仲林寺，拜見羅朋藍拉，他送我法名：桑吉旦真，給我傳授了多種密法和灌頂。三個月後，我又步行去了藏北草原，在曼日寺見到羅朋丹增南達仁波切和三十二代曼日堪布喜繞洛珠，接受良美大師的密法傳承，在山頂上的喀納寺閉關，修紫桑護法神等密法。後去朝拜辛倉家族的寺廟，瞻仰辛倉經過十三代保存下來的鎮寺法寶，在辛倉嘉瓦雍仲面前接受母續、《密贊》等傳承，還做了母續和紅驟斯畢嘉姆的火供。接著我又去了上祖寺和下祖寺，在恰登堪布前接受普巴金剛的灌頂和密傳。在法拉普寺的章雄索南堅贊面前接受《密宗誓言》等。在折瓦寺，朝拜鎮寺之寶，接受伏藏、耳傳的傳承。

　　「我聽很多老喇嘛說，尼泊爾的木思堂和多坡，是一個地上、石頭上都燃燒著火焰的地方，那裡有很多雍仲本教古老的寺廟。第二年1960年春季，我步行前往木思堂和多坡，果然，那裡有七、八座本教古老的寺廟，並看到很多古老的本教經書，這是我以前從沒見到過的經書。我如獲至寶，盤算著今後一定向寺廟借出這些珍寶，多印刷一些，

拿回家鄉。想到此心裡非常激動，有如在大火中搶救出很多寶貝的感覺。

接著我來到加德滿都朝拜大白塔、佛陀勝跡、古老的寺廟和密修山洞。在桑木林寺，見到雍仲林寺堪布西饒旦貝堅贊，接受了密法和灌頂，還拜見著名的楊噸喇嘛和祖坡尊者，接受密法口訣和《五毒自消法門》。在桑木林寺舉辦21天的普巴金剛甘露法會上，我意外見到曼日寺三十二代堪布喜饒洛珠仁波切和丹增南達仁波切。法會結束後，又參加了為期兩個多月的母續、大圓滿、普巴金剛的灌頂。

「桑木林寺也有很多本教古老的經書，我想借出這些寶貴的經文親自拿到德里印刷。兩、三個月的一天，我牽著一頭騾子走在路上，見到一個外國人，他問：『這位瘦弱衣服襤褸的僧人，你幹什麼去？』『去尼泊爾寺廟借經書，拿到德里印刷。』那位外國人很驚訝地說：『看你這個樣子連吃的都沒有，還要印刷經書，明明在說謊騙我吧。』我笑笑繼續趕路。一年後，我去「古老藏族文化研究中心」請幫助發行書刊時，在路上又巧遇這位外國人，『你的書印得怎麼樣啦？』外國人笑著問我。『已經印刷出版了。』說著，我將隨身帶的經書給這個外國人看。他一邊翻著經書一邊自言自語：『你不是一般的人，不是一般的人。』這個

法王30歲時，前往尼泊爾桑木林寺借古老的本教經書，計畫拿到新德里印刷（丹巴旺傑提供）

外國人就是英國人類學家大衛‧耐斯爾爾格勞夫博士。博士當下決定邀請我去英國大學一起研討藏族古老文明。

「1961年6月，我和丹增南達仁波切及山巴寺格西卡爾美散登，一起前往英國首都倫敦，與英格蘭班尼狄克教和基督教僧侶進行學術研討，交流有關宗教的核心問題，同時學習英語。那年，還會晤了羅馬教

皇保羅二世。

「1963年我來到印度，參拜釋迦牟尼佛的成佛、傳法、驅魔、圓寂的聖地，開始研究印度文明史。不久在馬斯裡的一個學校擔任校長，給藏族學生講雍仲本教文化課，遭到其它教派激進分子的極力反感，幾次暗殺我。我躲開這個逆緣，回到本教僧人居住點，給僧人教授破瓦法、密宗、母續等課程。

「1964年35歲時，我在山谷裡創建了一個禪修沉思中心。1967年受邀前往挪威奧斯陸大學任教，講授雍仲本教歷史。」

法王和丹增南達仁波切、雍仲林寺堪布等，在地球儀上查看英國的位置（曼日寺提供）

1961年，法王和丹增南達仁波切，受英國人類學家大衛・耐斯爾爾格勞夫博士邀請，前往倫敦研究院，教授西藏歷史和文化課（赤雍仲提供）

1967年，法王在挪威奧斯陸大學，做雍仲本教歷史研究和講學（揚奧金塔提供）

法王看我們聽的特別認真，請侍者給我們端來餅乾和茶水，並讓我們邊吃邊聽他說。

　　「當時，我們還沒有得到這塊寶地，後來在上師桑吉旦真和羅朋丹增南達仁波切等很多人的努力下，1966年，我們得到天主基金會的幫助，購買了這塊山地。從西藏來的喇嘛年歲已高，無法再回西藏曼日寺，三十二代曼日堪布喜饒洛珠仁波切因病去世。我們的傳承必須延續。當時很多喇嘛請求雍仲林堪布西饒旦貝堅贊，主持選舉新的曼日堪布。

曼日寺三十二代堪布喜饒洛珠仁波切（赤雍仲提供）

「1968年羅朋丹增南達仁波切、桑吉旦眞等高僧，立即舉辦誦經法會。在護法殿內，把寫有十位格西名字的紙條分別裝進糌粑麵團內，全體僧人連續七天日夜不停地念誦護法經。西饒旦貝堅贊在所有在場人的面前，親手把十個糌粑團放在一個有手柄的寶瓶內搖晃，連續跳出三粒，再把這三粒放在另一個寶瓶內搖動。第一個出來的糌粑團放在一個位置，第二個跳出來的糌粑團放在另一個位置，剩下的那個糌粑團就不要了。西饒旦貝堅贊手托第一個跳出的還沒有打開的糌

法王的上師桑吉旦眞仁波切（曼日寺提供）

粑團，站在護法神像面前嚴肅地說：『護法神，這是在你們不欺不騙的指導下，取得的最敬重的曼日堪布，我們要依傳承執行，用這個糌粑團給大家灌頂，從此你們要頂禮敬拜他。』

「接著西饒旦貝堅贊用這個糌粑團給在場的所有人灌頂之後，西饒旦貝堅贊在眾人面前打開糌粑團，全體僧眾看到字條上寫著：瓊東桑吉旦眞六個字。這些細節，是雍仲林寺堪布西饒旦貝堅贊事後告訴我的。」

沒有興奮沒有壓力

1969年11月5日，法王在曼日寺舉行了坐床儀式
（丹巴旺傑提供）

1968年3月15日，法王在挪威收到關於選擇他為曼日寺第三十三代曼日堪布——即雍仲本教的最高精神領袖的電報，那年他39歲，尊名為——隆度丹貝尼瑪華桑波。

「您被認定為本教法王時一定很興奮吧？心中有壓力嗎？」法王沉思了片刻平靜地告訴我：「沒有興奮也沒有壓力，這是遵照良美大師法脈的傳承，通過法會形勢決定的，並不是說自己是最優秀的格西。這種傳承方式是良美大師創建的，只有曼日寺有。1834年曼日寺畢業的格西郎敦達瓦堅贊創建了雍仲林寺，也依照良美大師這個傳承選定堪布。以前，對寶瓶測簽入選的格西很嚴格，首先必須是從小來曼日寺修行，圓滿通達因明部、律儀部、般若部、中觀部和俱舍論五部理論，通過考試獲得格西學位，並在密法和大圓滿法的教理、修證以及戒律等方面（即皈依戒、別解脫戒、菩薩戒、密乘四部戒、三昧耶戒等）都是優秀者，沒有離開過寺廟的才能成為候選人，如中途有回家的則失去列入候選人資格。比如瓊部有好些格西，由於他們回過家就沒有參選資格了。這個傳承一直延續至今，也是最珍貴的。主持這個寶瓶測簽法會儀軌的人，必須是德高望重的堪布，一般活佛沒有資格主持這個儀軌。從寶瓶中第一個跳出的糌粑團人名選為堪布，第二個出來的糌粑團人名也很重要，他將被其它寺廟請去做主持。

「我曾婉言謝絕大家的請求，雍仲林堪布說：『這是群眾選的法王，是雍仲本教佛法和本尊的意指，是護法神決定的，沒辦法修改。』所以我也不能違背上天的意願，自己盡最大努力做吧。我接到電報時正在學院講課，不能馬上回寺廟。10月23日學期結束，下午七點鐘，從挪威乘飛機回到德里，本教的信徒來德里迎接我。第二天晚上六點到了索蘭，天降大雪，26日繞北線路回到寺廟。1969年11月5日，在寺廟舉行了坐床儀式。

「我從小做僧人，在我前半生中，修習雍仲本教和其他各個教派的修行方法，但從自己擔起曼日堪布這個責任時起，我就放棄了以前的一些修法，從此以曼日寺特殊的傳承繼續修行。良美大師建立的曼日寺有一套完整的沙彌戒、比丘戒、顯密灌頂、打坐、靜心的傳承，我必須將這些傳承——傳給僧人，也讓僧人懂得什麼是曼日傳承。如：打坐靜心是為了養成一種開悟的習氣，在衣、食、住、行、睡中都能踐行自己所學的知識。這一切都以自己的智慧來決定自己的行為，智慧是什麼？

就是空性，人能把持空性嗎？所以智慧很難把握。但是如果有很好的習氣，就像認識自己曾熟悉的人一樣，如能做到這樣，就能掌握自己的永恆，護法神和本尊也會隨時隨地來幫助你。

「我所說的這些，就是我們的加持。比如說我們在實際生活遇到困難時，碰到自己的熟人或朋友，自己的困難就會迎刃而解。又如你們看到寺廟的一切，我從沒有研究和學習過建築學、管理學，這一切都是我在實踐中得到的一種難以言表的力量。歷史中的曼日寺規模不大，它是以自然的方式生存下來。

「曼日寺的主要經典是節崩，就是結集的意思，一切沒有好壞關係，只是尊重歷史傳承。本教有無數的護法神和本尊支持我，我們以此傳承而修行。例如修大圓滿時，就有象雄耳傳、佐欽、阿持（本教三種大圓滿法之一）等傳承。

「我的上師桑吉旦真，教育我一生做一個合格的出家人，不要回家鄉，就在寺廟好好學習。我在山巴寺時，寺廟的法台圓寂了，大家推薦我的老師去擔任法台。老師說他不能去，不能荒廢了他的寶貴時光，他要到很遙遠、很偏僻的高山峻嶺去修行。還有很多上師和修行者的事蹟，對我的成長幫助很大。良美大師在溫薩卡找到三樣聖物：大拔、大般若、裝藥的寶瓶，這些珍貴的文物都是開發我智慧的無價之寶。」

創建曼日寺，
組建領導團隊

法王什麼活都幹，他常說：只要自己肯做，一定會有人幫助的，背後還有力量強大的高級生命在幫助（曼日寺提供）

「您到這裡一無所有，開創寺廟一定困難重重？」法王聽完我問的話，笑笑：「一切都是心的顯現。」我對此話不理解，睜大眼睛看著法王，法王笑著又重複道：「一切都是心的顯現。」法王陷入沉思，沒有再說什麼。

幫我翻譯的格勒尼瑪看我特別想知道法王建寺廟的故事，就帶我去找寺廟最早的老僧人尋問。我們在山下小樹林中的一間簡易平房內，見到65歲的僧人新佳丹眞，他因要照顧90歲的老母親，就住在寺廟外面了。

「我13歲隨家人來到這裡，和幾位師兄住在木棚內，這裡本教信眾少。那時寺廟有十五、六位僧人，先建了五、六間僧人住的簡易土房，開法會時沒有供桌，就把供品擺放在木板上。我和師兄們都接受了250條比丘戒，雖然生活艱苦，但我們都非常樂觀，一個僧人還發明在屋頂上種蘑菇。法王帶領我們邊學習、邊修法、邊建寺廟。法王會木匠，鐵匠，石匠，泥匠挖土、運磚，當廚師、端水、燒柴，他還當鐵棒喇嘛、當領經師、當老師，每天就像被風吹起的一張紙，分秒不停地做事。有一次，法王在運輸木料的途中，汽車翻了，法王的腿被嚴重壓傷，住進了醫院，治療兩個月才勉強康復。

1968年秋季，曼日寺破土動工之前，法王帶領僧眾誦經祈禱（曼日寺提供）

1968年秋季，法王為護法殿奠基舉行儀式（曼日寺提供）

七尺厚的小經堂牆壁被螞蟻吃空，法王為此舉行的法事（曼日寺提供）

「大經堂始建於1971年，當時挖的地基就是目前這麼大，很多人反對說：只有十五、六個僧人，沒有必要蓋那麼大的經堂。法王聽到了只是笑笑說：『是！是！對！對！』但依舊繼續施工。沒想到，幾年後從尼泊爾多坡地區來了很多僧人。經過八年的艱辛努力，大經堂於1979年落成，法王親自命名：吉祥辛丹曼日雍仲講修寺。丹增南達仁波切、法王及幾位老師，在這裡給僧人講授文化知識、共修和不共修的顯、密、心三部。」

法王為大經堂地基動土舉行法會（曼日寺提供）

丹增南達仁波切（後中）和三位老師（赤雍仲提供）

　　老僧人的臉上一直洋溢著幸福、平靜的微笑，我腦海中顯現出法王帶領僧人開發建設寺廟的場景……

　　法王在建設寺廟過程中，一直沒有忽略自己的修學，他在孜珠堪布面前接受了《母續覺悟三傳》、《阿持十五座》的傳承。在上師桑吉旦真面前接受密宗戒律、大圓滿《阿持》的傳承，在羅朋丹增南達仁波切面前接受了《象雄耳傳》的傳承。法王有敏銳的智識，而且有超常的洞察力和領導能力。

　　法王帶領僧眾搞建設的同時，想著雍仲本教的傳承不能流失，延續的信念時時掛在心頭。法王與丹增南達仁波切時常商議，要繼承發揚本教的教法，補上以往教學中遺漏的部分，成立講修院迫在眉頭。1978年4月1日，法王和丹增南達仁波切商定，即刻籌建講修學院。他請丹增南達仁波切負責講經教學，上師桑吉旦真負責教授儀軌，法王自己負責建設、監督、管理各種雜事。

　　法王按照良美大師的傳承，寺院建立四個職稱職位：第一是本森喇嘛（最高的曼日堪布），第二是擁譖（最尊敬的導師，只有丹增南達仁波切一個人具備此資格），第三是羅朋（負責教學），第四是諾本（負責教師隊伍）。學院的全稱是「白帽雍仲講修院」，設有一位堪布，一位羅朋，三位長期老師，還有幾位臨時輔導的老師。1986年，六位僧人獲得首屆格西學位。

法王除了負責寺廟建設、法會、僧人的教育、僧人的生活等各項工作之外，還擔任講修院的部分教學。法王倡議成立學會會長、法會會長、管家、會計、鐵棒喇嘛等管理團隊，同時全面貫徹執行律宗的戒律和良美大師建立的寺規，大家依法辦事，嚴格遵守。相繼幾年裡，法王親自掛帥成立基金會、尼姑寺廟和福利學校，並全面管理。

法王和丹增南達仁波切（曼日寺提供）

講修院的學僧在練習辯經（赤雍仲提供）

法王教學僧敲打法器（丹巴旺傑提供）

貫徹嚴格的戒律，
一切制度化

法王在各種法會上，都會講到僧人遵守戒律的重要性（赤雍仲提供）

我問法王：「爲什麼曼日寺在信眾心中這麼有威望？」

「藏區任何一個地方都承認曼日寺的傳承，在雍仲本教支、辛、巴、米、瓊五大家族中，爲什麼要發揚支的傳承？因爲其他四大家族傳承有兩種情況，一種是由家族和上師傳承，因年代久失傳了。另一種是由在家居士傳承，出現法脈不完整，支家族的傳承非常完整，包括很多口耳相傳的密法，這是非常珍貴的。

「雍仲本教祖師單巴辛繞31歲出家，在俄莫隆仁接受戒律，他在靈塔前發誓：要遵守戒律。隨後飛到佛的淨土，在一個僧人面前接受戒律，天上空行母送給祖師七件僧衣物，他

法王說：大圓滿禪定的口傳心授傳承，一代一代傳下來，不會說話的啞巴也能修成（赤雍仲提供）

出家的法名是『赤祖嘉哇』，後又回到俄莫隆仁，給他的家人做皈依，傳授戒律。前佛的弟子祖親嘉哇做堪布，他做羅朋，啊嘉桑哇做證人，他的太太和女兒接受了女眾出家修行者的25條戒律和360條別解脫戒律，兒子們接受了男眾出家修行者的25條戒律和250條別解脫戒律。

「戒律是出家人的根本，一切僧人一生要遵守戒律。寺廟規定：不論是活佛還是普通僧人，來到曼日寺都要重新皈依、受戒、修九加行。

「本教戒律是祖師單巴辛繞出家修行後制定的，並規定必須在羅朋、堪布面前接受不殺生、不偷盜、不邪淫、不妄語四個主要戒律。其中一個戒律破了就不是一個合格的出家人。這四個根本戒如同樹根，其中一條根腐爛了，樹就會被大風吹倒。四個戒全部不遵守，樹就死了。男眾有四個根本戒，本教男眾可以還俗三次。女尼有八個根本戒，如放棄一個戒律就要還俗，女眾出家只有一次機會。這是雍仲本教特有的規定。

「歷史上良美大師與索南洛珠蒐集、整理補充了戒律條款。良美大師寫的《度瓦》一書中，僧人在行住坐臥、思想舉止，甚至應該怎樣說話、怎樣吃飯、怎樣走路、怎樣睡覺等21個方面做了上千條的規定。

用這些戒條約束僧人的行為。僧人自覺遵守，就能成為一個僧寶。作為一個修行人，內心、外形都要遵守戒律，要做到內外一致，內外戒律如同鳥的兩個翅膀。若外表乾淨，內心修行不夠，得不到他人的尊敬；若生活不講衛生，衣冠不整，法力修得再高也不行。受戒時是律儀生起，根本斷除損他之事，是根本斷除惡的善戒，無論比丘還是比丘尼，都必須嚴格遵守。

「當遇到事情時自己能夠馬上意識到：我有戒律，不能這樣做，此時他就得到戒律了。如果一個僧人沒有下決心做一輩子出家人，而是為了榮譽、名聲穿上僧衣，這種人是不能接受戒律的。二是有殺人罪前科的人不能接受戒律，三是父母及當地行政管理部門不同意出家的人，不能接受戒律。良美大師提出：出家人要自願接受自覺遵守，不是靠他人來管制。一個人想成佛，必須消除無明，怎樣消除呢？必須用解脫道的方法消除無明，通過打坐尋找解脫道。一個僧人必須知道哪些事情可以做，哪些事情不能做，一步一步地嚴格要求自己，有了清淨心再去打坐，一定會找到解脫道。修行人不能只會打坐不學經文，或只學經文不修法，必須方便、智慧雙運。出家人行住坐臥一切行為，時刻不能放任，關注自己的起心動念，利益眾生，自利利他，次第修持，任何時刻要帶有善念，這是生活法。」

法王看著我似懂非懂的樣子，笑著說：「戒律，是一個人脫離輪迴的基礎，慢慢理解。」

我利用講修院課餘時間，向受過250條戒律的學僧們瞭解授戒、守戒和有關學習方面的事。他們告訴我，曼日寺僧人授戒時有法王、羅朋、堪布和受過250條戒律的僧人作為證人，法王送給受戒僧人每人一頂五方佛的蓮花法帽。受戒後七天過午不食，批准後才可以吃晚飯。

曼日寺對戒律要求特別嚴格，例如：多季氣溫最低的30天，寺廟規定僧人們進入經堂或上課時，依舊穿無袖僧衣，一天的誦經等法式活動結束回到宿舍後，才允許穿上長袖衣服。衣服可以穿紅色、紫色、咖啡色、黃色，其他顏色不許穿。如學員違反寺規，要在大經堂佛像前或法王面前做懺悔，並要以轉經堂、修百字明咒、供養僧眾、打掃衛生等方式接受懲罰。另外寺廟規定晚上8點鐘，俗人不能進入寺廟，同時僧人要回到自己的僧舍。這是良美大師定下的規矩。以前在藏區沒有鐘錶，傍晚時分，當看不見自己手掌紋時，俗人就要離開寺廟了。

法王非常重視民意，以民主集中方式管理著寺廟的一切，一切制度化。如：藏曆七月一日、二日，全體僧眾為下一屆的管理團隊投選票；七月十九日、二十日，新舊團隊舉行交接。講修院的教師每年舉行四次會議：第一次會議於藏曆二月初舉行，全體老師討論新學年需要改進的問題；第二次會議是藏曆五月，結合期中考試存在的問題討論教學方案；第三次會議在藏曆八月，內容是為九月即將舉行的耶如辯經大法會做準備；第四次會議是藏曆十二月初一，討論年末考試題目等事宜。

完善講修院課程，
爲社會培育人才

下課了（2010年攝）

良美大師建立的講修課程，到今天已有650年歷史。其課程有顯宗、密宗、戒律、心識部、五部大論、大圓滿法等，完成這些課程需要12年至15年。舊社會時，僧人要解決生存吃飯問題，一天只能講一節課，有些僧人甚至需要40年才能學完全部課程。

七十年代講修院學僧們在誦經（赤雍仲提供）

法王和學僧們坐在一起誦經（曼日寺提供）

裝飾簡單的法台（曼日寺提供）

目前講修院的課程：

- 一年級課程：《藏語語法學》、《詞藻學》、《音韻學》、《攝類學》、《前行》、《辯經基礎》。
- 二年級課程：《集量學》、《哲學》。
- 三年級課程：《教派歷史》、《十道》。
- 四年級課程：《見道》、《地道》、《十道五地》。
- 五年級課程：《般若》。
- 六年級課程：《上般若》。
- 七年級課程：《中觀》、《俱舍論》。
- 八年級課程：《律經》。
- 九年級課程：《密乘》。
- 十年級課程：《本教九行次第》、《阿持前行念誦》、《阿傳心傳破瓦法》、《四續部經藏講解》、《中觀莊嚴論三要八分支》。
- 十一年級課程：《根本後行傳承》、《母續解脫道—六方便解脫—成熟—解脫》、《父續》。
- 十二年級課程：《經藏講解》、《心法》、《大圓滿》、《密經》、《明燈》、《象雄耳傳——虛空幻化燈》、《邏輯密經》、《智慧哲學》。
- 十三年級課程：《經驗指點明燈》、《大圓滿經續四部》、《杜鵑九乘》、《象雄年居》、《虛空神變論》、《祝傑甲瓦雍仲大手印十五階段》、《良美大師幻化五部論聞思修》等。

除此之外，學員還要選修大、小五明課程中的《五行學》、《天文曆法學》、《梵文》、《象雄文》、《英語》、《詩歌》、《藏醫藥學》、《靈塔和壇城制繪六法》、《歷史學》、《因明邏輯學》、《開光灑淨加持十二儀軌》，熟練掌握各種祭奠儀式的吹、敲、擊、吟禮儀等。

這些課程，形成一個完整的教學體系，是融合學者和修行者於一身的最佳方式。學僧經過十幾年的聞思修，可達到講辯寫、善言辭、識真相、善靜坐，並精通顯宗、密宗、大圓滿的理論。

學僧課餘休息（2010年攝）

老師給學僧授課（2010年久美洛智攝）

學僧的生活緊張而有序，例如冬季作息時間：

6:00～7:00辯經

7:00～8:00早餐、自理

8:00～10:00辯經

10:00～12:00上課

12:00～12:30午餐，午餐時一個學僧給大家讀佛祖故事

13:00～13:30午休

13:30～15:00辯經

15:30～16:00喝茶

16:00～16:30休息

17:00～18:30辯經

18:30念誦發願文、迴向文

19:00吃飯

19:30自由活動、自學

20:00之後不能出寺廟，特殊情況向鐵棒喇嘛請假

每週六下午5:00至深夜24:00全體學僧在大經堂辯經。

　　法王思想前衛，緊跟時代步伐。1978年至2006年，講修院按照良美大師創建顯、密大圓滿教學內容安排課程，2007年法王提出要適應社會的發展需要，建立考試制度。每週一次小考，每年兩次中考、一次大考，還增加了筆試。對成績優秀的學僧分別頒發第一名、第二名、第三名的榮譽獎狀，對成績不及格的學生要降級。每年升班前，學僧要重新修九加行，完成九十萬遍的誦經、供養曼達和磕長頭。即將升密宗班的學員，要連續兩天念誦密宗經文，並親手做很多供養本尊和護法神的密供品。

　　法王是天生的教育家，一生治學嚴謹，為此付出了巨大的精力。他經常對老師們說：「你們的任務就是把

成績優秀者獲得的獎狀（2013年攝）

展覽室內懸掛著優秀學僧的作業（2009年攝）

學生教好，經濟方面有困難我來解決。」法王時常對學員說：「你們的主要目標就是學習，只要有了學問，才能幫助他人，才能弘揚佛法；如沒有學問，連幫助自己的能力都沒有，幫助別人不就是一句空話嗎？你們要學習五大家族的優秀傳承，學習象雄耳傳的傳承。雖然我是曼日堪布，但不是坐在高高的法座上，我的任務就是好好地培養你們，把你們培養成一個對寺廟、對家人、對社會有用的人。你們就是勇士、勇母的佛菩薩，所以要好好學習、好好地培養自己的慈悲心，這樣才能給自己、給家人、給社會帶來正能量。我現在已經80多歲了，身體很疲勞，但晚上仍然要磕頭做自己的功課，你們年輕人一定要做好自己的功課和工作，這樣才能實現自己的夢想和目的。」

曼日寺講修院是一個大熔爐，經過14年的冶煉，將學員入學前身上帶有的各種壞習氣基本全部消融了，成為繼承佛法的佛子，為社會和諧樹立了榜樣。

辯經 ——
訓練思想的獨特課程

每週六傍晚至深夜，學僧在大經堂內舉行辯經考試（2010年攝）

辯經是雍仲本教訓練思想的重要課程，從一年級到十三年級都有辯經課，學僧每天除了四至五個小時聽老師講課之外，有五個多小時是辯經課。辯經的基礎首先要學好《攝類學》，這門課程可以訓練出縝密敏捷的思想。

良美大師在所著的《因明論》中講道：真正的辯論要基於破與立，即破非立是。不懂破與立，辯論會成爲是非口角。講、辯、著是衡量一個學者的三大基本要素。這樣他才是真正爲利益眾生而學法、知法、弘法之人。良美大師當年遊學於那瀾陀辯經院、哲孟雄傑莫采

辯經課上，雙方保持高度鎮靜，集中精力問答。每到冬季，天氣乾燥，學僧經常因激拍手掌，手上震出深深裂痕，淌出鮮血（2010年攝）

講修院、矗塘極樂寺、若堆寺時，參加了般若學、中觀、因明和立宗答辯，以超人的智慧和辯才博得了佛學界的稱讚。

1997年，法王與講修院管理人員商量決定，恢復良美大師建立的耶如辯經大會。這樣不僅保存和發展溫薩卡的哲學教育傳統，把哲學和邏輯學運用到顯宗、密宗和大圓滿中。

記得2010年我參訪曼日寺，正巧趕上週六下午的小考。當時有150名學員參加，還有約160位福利院的小學生參與。大家先在大經堂院內排隊靜默，三遍鐘聲響後開始辯經，五分鐘後大家快速跑進大經堂入座。鐵棒喇嘛威嚴地坐在經堂內後左側，講修院副院長坐經堂內後右側。

小學生穿著僧衣，按照班級排成一隊，在班長的帶領下向前方佛像磕頭行禮，唱頌發願文，集體向坐在應答位上的學僧發問。提問大意是：「自己和眾生一起成佛，自己首先要修心，這樣做對不對？」對方答：「對！」又問：「戒律是出家人成佛的基礎，對嗎？」對方答：「對。」……之後，血氣方剛的學僧開始辯經。

只見提問者把紫色袈裟緊繫在腰間，雙臂高舉成雄鷹飛翔狀，語速極快地說著要對方回答的問題。隨著最後一個字地吐出，他左掌手心向

上，右手用力拍打左手掌，發出「啪」的清脆擊掌聲。坐在地上的應答者，表情泰然自若，認真聽著對方的問話。在對方語音落後，要不露絲毫破綻地迅速說出答案。

學僧有時一問一答，有時三五成群一齊上場發問，他們或拍掌高呼或揮舞念珠喝彩譏諷、有意詰難。聽眾席上不時發出「切⋯⋯」（要求應答者：快說快說）；「噢！切⋯⋯」（要求提問者：快問快問）；「闊撒⋯⋯」（說的完全不對）；「嚓⋯⋯」（前面承認，後面又否定了）。場面緊張、激烈、亢奮，我第一次看到這樣活躍的考場。

據說提問者提出問題時有很多技巧，常會引誘對方誤入所設定的圈套或擾亂對方思想，攻擊對方的破綻與謬誤。應答者也可以反問，使對方無懈可擊。這是辯經的規範流程。他們辯論的內容大多是課本上的，有的擴展到對經典疑難問題的答辯。

我總是被他們激烈的辯論氣氛吸引，特別想知道他們在辯論什麼。2013年我利用灌頂法會之餘的時間，早早地來到寺廟看學僧辯經。冬季清晨的陽光分外溫暖，辯經場外牆上書寫的文殊菩薩心咒，在陽光下顯出格外奪眼。辯經場內按照顯宗班、密宗班、大圓滿班分成三個地段，學僧在鐵棒喇嘛一聲響亮的「嘀」的哨聲後，開始辯論。他們兩人一組，瞬間「啪！」、「啪！」、「啪！」的擊掌聲和高亢的問答聲，彼此起伏，連綿不斷。我走到慷慨激昂的一對顯宗學僧身旁，連忙開啓手機錄音，事後請學僧丹巴旺傑翻譯給我聽。

問：你是爸爸、媽媽的果，你們不是一個時代出生的對嗎？

答：是的！

問：你們爲什麼在同一個時代出現？

答：因爲他是我爸媽。

問：有角的兔子是古代的兔子嗎？

答：是古代的兔子。

問：如果以前有角，怎麼能說是古代的？

答：（手撓頭無語）

問：分別心和無分別心是不是同一個心？

答：不是同一個心。

問：樂受和苦受是怎樣來的？

答：樂受和苦受是六識所受的果。

來自青海的久美洛智活佛和來自紅原的丹巴拉布吉活佛，雖然他們都是三、四歲時就被認定為活佛，在曼日寺，法王讓他們與僧人一樣從掃地、做飯、做供品、做表格，給牛送飼料、管理經堂、學習各門功課等小事學起（2010年攝）

問：惡業和善業都記錄在阿賴耶識裡嗎？

答：是的。

問：是你的思想有分別，阿賴耶識是無分別的心，心有八個，五十一個心所，無分別的心和分別心的定義有什麼不同？

答：阿賴耶識是無分別心，他沒有分別心的心所。我們倆的語言不通，我聽不懂你家鄉的話……

兩個人都哈哈大笑起來，看來答方對自己的答案沒有信心了。

我走到同樣激烈的密宗一組：

問：你不能只用書中講的回答，要用自己的思想來說。外道怎樣認識苦受和樂受？外道有沒有分別心？

答：外道有分別心，外道並不認識。

問：以前學者理解苦受的心、自性和現在一樣嗎？現在學者對苦受、樂受、分別心的心態一樣嗎？

辯論可以一對一，也可以三、五個人對一個人發問（2010年攝）

下課的鈴聲已響起，幾位學僧辯論興趣未盡，他們又發起激烈
的辯論，相互印證，切磋、琢磨（2014年攝）

辯經——訓練思想的獨特課程　　143

答：你剛才說的苦受，就是分別心又是無分別心。

問：以前學者理解苦受、樂受的自性是不是同一個自性？

答：不是一個自性。

問：是同一個自性，你對分別心、無分別心解釋時，苦受的心就包
　　含在裡面了，這個心是分別心還是無分別心？

答：你是師兄，你要辯論道理，不要抓住名詞。

哈哈……兩個人大笑起來。

激烈的辨經課結束了，全體學僧高聲唱起〈丁青目朗〉，學僧深沉
悠揚的歌聲，回蕩在寺廟上空……

祈禱文大意是：

教法之藏如來雍仲本，傳人學子講修大興隆，
施主福祿受用悉增長，祈願教法住至輪回滅，
殊勝至之良美上師尊，不虛教理本教曼日宗，
顯密日月雙運微妙法，祈願恆久不敗常在世，
繼承弘揚其教之傳人，無二上師蓮足常在世，
清淨僧眾廟宇廣興隆，祈願美名讚譽遍大地，
依勝教之普天眾有情，疾病飢餓戰亂熄滅已，
利樂幸福日光周遍照，祈願最終成佛得吉祥。

格西考試

格西畢業考試——背誦長篇經文（丹巴旺傑提供）

每年藏曆一月初六至初八，是曼日寺和尼泊爾赤單羅布則寺輪換舉行格西畢業典禮的日子。截止到2013年，曼日寺講修院成立35年，培養出104位格西，這是法王辛勤栽培的聖果。

格西，藏語意爲「善知識」，是雍仲本教學僧修學顯宗五部大論（般若、中觀、正量學、戒律、俱舍）、密宗、大圓滿課程之後，考取的學位，近似於博士。

格西考試一般延續十天左右，其考試非常嚴格。爲達到學僧有著書、立說的能力，以佛學的正見徹底破除邪見，每個考僧要交十萬字的論文，還要進行辯經考試。辯經考試的內容，不僅是浩如煙海的顯宗、密宗、大圓滿的經典，還有極其繁複艱深的哲理和世界觀。考生如成績不及格不與畢業，連續三年不及格會強令輟學。

法王對每屆畢業的格西，都會無比深情地反覆叮囑：「你們經過十幾年的努力，獲得了格西學位，考取格西學位並不僅僅是爲了一種崇高的榮耀，作爲一名僧人，更重要的是明白佛學經典的涵義，求得對佛學問題的深刻理解，這樣才能利益眾生。你們回到家鄉要遵守國家法律，愛國愛教，爲和諧社會做好榜樣……」

我特別想詳細知道有關講修院的內容。一天下午，我請格勒尼瑪擔任翻譯，去拜訪講修院堪布尼瑪頓珠。

我們走進辯經場旁的紅色三層教學樓，在一個不大的辦公室內，見到35歲的尼瑪頓珠堪布。他正俯在桌上寫著什麼，見我們進來立即站起身，方圓紅潤剛毅的臉上帶著微笑，一看就知道他是一位可以信任的教授。他請我們坐在辦公桌前面的椅子上。他說藏語，語音柔和，但非常認眞和誠懇。

尼瑪頓珠，2006年獲得格西學位，由於他戒律、品行、學習多方面優秀，2008年被僧眾和法王推選爲講修院羅朋，負責教學。連續擔任四年後，又被推選爲講修院堪布，負責學院的全面工作。

「目前講修學院設一位堪布、一位羅朋、七位長期老師、十位短期老師、六位輔導老師，十三個班共150名學員。雍仲本教是爲眾生安樂幸福的法門，在本教如同快熄滅的火苗時，是法王和丹增南達兩位仁波切把火焰重新點燃，他們把純正的佛種子傳承保護下來，兩位老人的功勞恩惠是在世的佛祖，比佛祖還偉大……」

堪布說著，臉轉向窗外，從窗外傳來僧人激烈的辯經聲，我看到堪

布眼中泛起激動的淚花。

　　堪布1978年出生在西藏昌都丁青瓊布多紮地區赤朵鄉，1992年在法王、丹增南達仁波切、陳列尼瑪堪布面前落髮出家。他說自己的願望是努力學習，遵守別解脫戒，自利利他，弘揚本教。

　　我們交談了一個多小時。天光開始朦朧，這是俗人要離開寺廟的時間了，堪布送我們走出辦公室。我穿過辯經場旁的小路，見昏暗的燈光下學僧又在激烈辯經，紫色的袈裟隨著他們快速變化的肢體，在跳躍、飛舞⋯⋯

講修學院的堪布——尼瑪頓珠（2014年攝）

【第五章】曼日傳承

寺廟每年慣例舉行的
大法會

法王帶領寺廟主管人員，向空中拋撒糌粑粉，祈願新的一年裡，世界和平、人民去災滅禍、
五穀豐登、六畜興旺（2013年Olga攝）

曼日寺是一個清靜、和諧、法制的僧團，一切活動制度化，每年中有25個固定法會。

藏曆一月三日——火供法會。法王帶領全體學僧在護法殿後面山坡上辭舊迎新，舉行煨桑、誦經、撒隆達，酬謝護法、天龍八部和當地神明，請諸位神明繼續護佑當地風調雨順，世界人民平安幸福。

藏曆一月四日、五日——慶祝良美西饒堅贊誕辰。

藏曆一月六日——格西畢業典禮。

藏曆一月八日——舉行驅魔金剛神舞法會。

藏曆一月十四、十五、十六日——慶祝祖師單巴辛繞誕辰。

藏曆一月二十三日至三十日——閉關，修持文殊師利法。

藏曆三月三十一日——上師桑吉旦真圓寂紀念日。

藏曆五月十四、十五、十六日——全體學僧做大量多瑪供奉本尊和護法，為村莊百姓念誦平安經，護法殿念誦祈禱本尊護法經。

西曆四月一日——講修學院成立紀念日。

藏曆六月初八日——良美西饒堅贊圓寂紀念日。

藏曆六月初十日——酬謝曼日寺護法神。寺管會成員和護法殿神職人員，從早上 6:00 至傍晚 18:00 在護法殿內念誦穆都、思畢嘉姆、嘉布西昌等護法神經文。另外八位學僧分成兩組，輪流在護法殿內從 18:00 至第二天早上 6:00，不間斷地念誦外、內、密的護法神經文。

藏曆七月十四日、十五日——雍仲林寺堪布西饒旦貝堅贊圓寂紀念日。

藏曆七月二十八日——曼日寺三十二代堪布喜饒洛珠圓寂紀念日。

藏曆八月初一至初七日——全體學僧持八關齋戒閉關。

藏曆九月十五日——祖師單巴辛繞的弟子東炯目秋，從阿修羅界飛到俄莫隆仁紀念日。

藏曆十月一日至三十日——溫薩卡成就者羅朗洛珠堅贊著《因明學》紀念日。全體學僧辯經。

藏曆十月三十日——祖師單巴辛饒圓寂日。

藏曆十一月初七日——雍仲林寺堪布達瓦堅贊圓寂紀念日。

藏曆十二月二十七日至二十九日——舉行籌悟本尊、普巴本尊的大型除障法會。 清晨 4:30 至深夜 2:30，領經師帶領學僧在大經堂念誦經

藏曆十二月二十九日下午，僧人將院內掛有經幡的高大旗竿放倒，僧人可以唱歌和大聲講話（2013年Olga攝）

藏曆一月初三日，法王帶領全體僧人舉行火供法會，祈請一切佛、本尊、空行母、護法，護佑百姓安康、天下太平！（2013年Olga攝）

文。護法殿內，從早上5:00至深夜，一位格西帶領一位學僧連續三天念誦普巴金剛經文。法王的小經堂內，由三位格西帶領七位學僧念誦普巴本尊經文。二十九日下午舉行九位護法神的金剛神舞，酬謝各位本尊、護法神一年中的辛勤職守。

藏曆十二月二十九日下午——學僧將院內掛有經幡的高大旗竿放倒，大家可以唱歌和大聲講話。正月初五清晨，將裝有新經幡的旗竿重新豎起，寺廟又恢復原有的嚴肅和寂靜。

學僧在火供法會上誦經（格勒尼瑪提供）

藏曆新年期間，曼日寺每天都有不同的法會。一月初五日良美大師誕辰法會，彰顯出隆重和特別的肅穆。一月初四日僧人們開始搭建供台、做大量的多瑪和祕密供品。初五清晨天還沒大亮，三十多平方公尺的絲質大唐卡就已經懸掛在大經堂簷下，唐卡下方長條供案上供奉著良美大師銅質塑像、銀塔、傘蓋、多瑪、香插、鮮花、曼達盤、八吉祥、酥油燈、雍仲恰相等供品。每位僧人都把頭剃得光光的，穿上嶄新的僧服，喜氣洋洋。接受過250條戒律的僧人頭戴蓮花帽，身披黃色袈裟，精神抖擻地站在庭院中靜候法會開始。5:00整，法王頭戴蓮花帽，身披黃色袈裟，邁著堅定穩健的步伐，在法樂聲中跟隨引香僧、樂手組成的七人儀仗隊，走進會場，莊嚴地站在良美大師畫像前，雙手合十，帶領全體僧人高聲唱誦良美大師祈禱文：

> 前方獅子蓮日月座上，根本上師具報身衣飾，
> 周匝佛法勇士諸眾與，本尊空行護法圍繞坐，
> 曼日上師三身之源尊，二世如來有情之怙主，
> 身像聖衣靈塔經書卷，十方曼日解脫道明燈，
> 為助我母有情出輪回，直證菩提聖果我皈依，
> ……

悠揚、深沉、豪邁的唱頌聲，流露出僧人對良美大師的無限追思、愛戴和祈禱，同時顯露出他們學佛、修法和救度眾生的堅定虔誠之心。

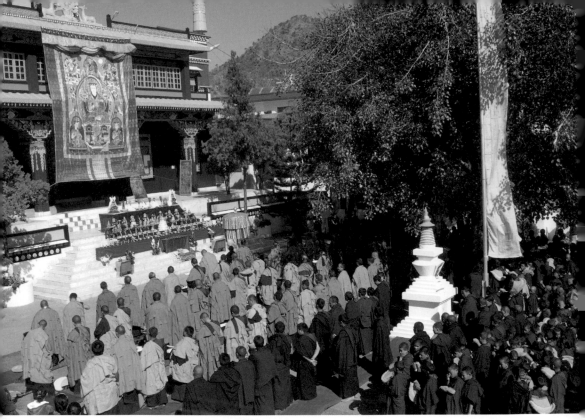

藏曆一月初五日，紀念良美大師誕辰法會（曼日寺提供）

法王在良美大師聖誕法會上，以蓮花手印供養三寶（2013年Olga攝）

懸掛在大經堂門房簷上的良美大師唐卡（曼日寺提供）

講修院堪布代表全體僧人向良美大師像深深頂禮、懺悔、祈禱（2013年Olga攝）

曼日寺跳的「金剛驅魔法舞」，從法會流程、誦持經文，到服飾、面具、法器、舞步等，一切都嚴格按照良美大師傳承的密宗經典有關內容進行（2013年Olga 攝）

領經師帶領僧眾念誦密宗的《多雍仲龍集》經文，之後全體僧人在良美大師佛像前做深深的真心懺悔，法會進行約兩個多小時。

曼日寺的每場法會，可以說內容豐富，多姿多采。最引人注目的還有「金剛驅魔神舞」除障法會和民俗表演。法王考慮到附近百姓和象雄人都會利用週日到寺廟上香祈福，法王特意把「金剛驅魔神舞」法會安排在藏曆年第一個週日。金剛神舞，是本教密宗的課程，擁有完整的流程和嚴格的儀軌，目的是說明修行者修行，同時調治傷害眾生的妖魔，祈求百姓幸福安康。無論跳舞者還是觀看者，都會得到無以言表的功德和利益。

金剛驅魔神舞民間稱「羌姆」。其內容是講述祖師單巴辛繞建立本教佛法，得到諸佛、菩薩、天龍八部的歡喜，同時得到了五大本尊、諸多護法神的護佑和修行者調服自身貪瞋癡慢疑的故事，其內容可分為上師舞、本尊舞、空行舞、護法神舞等十六部分。

扮演古辛的象雄人，緬懷他們的祖先（2013年Olga攝）

　　清晨，僧人用糌粑粉在會場地上畫出橫、豎、斜等「金剛壇城線」。挑選的金剛舞者都是密宗修士，跳舞時須觀想幻輪、氣脈、明點，以身、語、意三密，將自己心中的佛性提昇出來，達到驅邪歸正，淨化心靈目的。所有動作，舞者必須在壇城線內完成。觀看金剛舞要心存敬畏，可種下親見本尊的幸運種子，為自己消除惡業，培植福田。

　　首先領經師唱誦密宗經文，法樂隊配合經文內容吹打彈奏。身穿彩衣、手持法器的舞者，隨著法樂的鼓點，快速、輕盈地從大經堂閃出進入場地。他們根據劇情的角色跳出不同的舞姿，展示其佛法的力量和與護持佛法的決心。

　　精采的金剛驅魔法舞表演結束後，在場的藏族百姓和象雄人還要表演古老的象雄戲，緬懷十八位象雄國王和古辛。古辛是本教修行成就者，幫助象雄國王治國安邦。在古辛的法事施展下，象雄軍隊每次出征討伐都能取得勝利，因此，國王下達諭旨，給予古辛四種至高的權利和待遇：一、頭戴象徵象雄祖先的大鵬羽毛帽；二、身穿虎皮和豹皮衣裙，三、古辛講話前，國王和宰相大臣不可先說話；四：如有人偷了古辛的物品，要交出物品和九至十倍的罰金。

狂智

作者／邱陽創巴仁波切　譯者／江涵芠
定價380元

邱陽創巴仁波切依邀舉辦兩場關於蓮師八相的開示，但他稍稍轉移了著重點，並將之命名為「狂智」。

書中創巴仁波切並非在解釋蓮師八相完整教本裡的所有細節，反而我們是在跟隨仁波切的教授上山下海、穿越時空、上窮碧落下黃泉，探索自己心靈幽暗的角落──希望與恐懼，明智與我執。他挑戰我們全體概念性的思維範疇──光用我們的智性架構來理解分析是絕對行不通的；狂智即是究竟的平常如是。

療癒身心的十種想──兼行「止禪」與
「觀禪」的實用指引，醫治無明、洞見無常的妙方

作者／德寶法師　譯者／觀行者
定價320元

完全了知五蘊的生起滅去時，修行者獲得了喜悅和快樂，對覺者而言，這是無死之境。

在佛陀有關「想」的教導中，《耆利摩難經》是非常重要的依據。德寶法師以簡單直接的用語、具有他一貫的清晰特色，重複強調要如何連結這些觀修方式與我們的生活經驗，生動靈活地解釋這部經典。隨著指引，我們的心也從一般膚淺的「想」轉變成覺悟的「洞見」，從困惑和不快樂中永遠解脫。

一生吉祥的三十八個秘訣

作者／四明智廣
定價350元

人人都想要快樂幸福與美滿，但沒有福報與智慧，談何容易？而累積福報、獲得智慧最快最好的訣竅，就在一部《吉祥經》！

本書以淺顯易懂的文句，融合作者飽學的傳統文化，不離現代社會現象，又帶入各種切合實際的生活案例，引導讀者體悟經典殊勝，進而實踐38種智慧方法，必能消除所有痛苦的因，種下所有快樂的因，達到人生中真正的「吉祥如意」，得到最大的安穩與幸福！

你所不知道的養生迷思——

治其病要先明其因，
破解那些你還在信以為真的健康偏見！

作者／曾培傑、陳創濤　指導／余浩（任之堂主人）
定價450元

危害健康的隱形殺手，最常出現在似是而非的養生觀念裡
可能原來你一直堅持的，就是你的萬病之源！

飯後水果幫助消化？山楂減肥綠茶瘦身？精神不好茶來醒腦？腿腳
抽筋多吃鈣片？頭髮脫落趕快補腎？……諸如以上的養生觀念，你
我一定知道得不少，甚至遵守奉行多年；然而你知道嗎？這些普遍
存在的養生保健迷思，可能就是導致身體不健康的「萬病之源」！

靈氣實用手位法——西式靈氣系統創始者林忠次郎的療癒技術

作者／法蘭克・阿加伐・彼得(Frank Arjava Petter)、
山口忠夫(Tadao Yamaguchi)、林忠次郎(Chujiro Hayashi)
譯者／呂忻潔　定價450元

這是一本講述靈氣脈絡傳承且實用度超高的著作！
・專業翻譯、生動插圖與豐富的手位序列照片
・有關林忠次郎故事的新近研究
・林靈氣系統的主要練習項目（包括從未在西方教授過的技術）
・血液交換法
・從未刊出的資料照片與特殊文獻（如林博士的原版證書）等

透過雙手施予靈氣（宇宙的生命能量），喚起你我與生俱來的
淨化程序或療癒力量，達到身心靈的平衡！

光之手——人體能量場療癒全書

作者／芭芭拉・安・布藍能(Barbara Ann Brennan)　譯者／呂忻潔、黃詩欣
定價899元

・是能量療癒領域「聖經」，至今沒有任何一本能量療癒書能超越它
・不只是一部經典，更是「教父級」的經典
・是所有有志從事療癒與健康照護者的必備書
・美國亞馬遜排行榜上歷久不衰，是同領域書籍之銷售冠軍
・華人界等待28年，「中文版」終於問世！

這本自我療癒之旅以及療癒他人身心靈的全方位指南，為健康照護專業人
員、治療師、身心靈療癒老師，以及想要有更好的身體、心理，並渴望獲
得靈性健康的人提供了成長、勇氣，以及意識擴展可能性的絕佳典範。

貓僧人：有什麼好煩惱的喵～

作者／御誕生寺
譯者／歐凱寧
定價350元

- 與貓僧人學習面對生活的難
- 御誕生寺住持——板橋興宗（前曹洞宗館長）親筆書法提字
- 大量寺內貓僧人生活實照，充滿禪意又撫慰疲勞的身心
- 限量加贈治癒書衣年曆海報，讓你每一天「煩惱退散」！

人類是個「想太多」的生物，還愛思考無法解決的問題……不如和貓咪學習以自己的「身體」去回應周遭環境的一切，用全身感受並活在當下；只有「當下在這裡的自己」才是真實，在這呼吸之間的當下，其所見、所聞、所感才是真正的「生命實感」。

動物朋友療癒你

貓熊好療癒：這些年我們一起追的圓仔～頭號「圓粉」私密日記大公開！
定價340元

TTouch神奇的毛小孩按摩術─貓貓篇：獨特的撫摸、畫圈、托提，幫動物寶貝建立信任、減壓，主人也一起療癒
定價320元

TTouch神奇的毛小孩按摩術─狗狗篇：獨特的撫摸、畫圈、托提，幫動物寶貝建立信任、減壓，主人也一起療癒
定價320元

與動物朋友心傳心：因為愛，我想聽懂、讀懂、看懂動物心事
定價320元

象雄女子排成一隊，手挽手，跳起古老的象雄舞蹈（2013年Olga攝）

　　這場人和神的聚會，一直表演到下午5:00左右，最後在鑼鼓喧天的法樂聲中結束。

　　藏曆正月十五日是祖師單巴辛繞誕辰，這也是新年間的重要法會之一。學僧從十三日開始製作祕密供品。十四日至十六日，每天清晨5:00就在大經堂內誦經。十五日下午，學僧在大經堂門前走廊內搭建供台，懸掛單巴辛繞祖師畫像唐卡，供上良美大師銅質塑像，擺上曼達盤、傘蓋、八吉祥、多瑪、鮮花、香插、甘露水、雍仲恰相等供品，為晚上舉辦平安燈法會忙碌著，法王一直陪伴在現場親自指導。傍晚十分，寺廟建築物和院內菩提樹上點起串串彩燈，小僧人手舉點燃的蠟燭，排著隊圍繞大經堂、大白塔唱誦祈禱文。法王也提早坐在供案旁，雙手合十在默默誦經。

為祈禱法會準備大量多瑪（丹巴旺傑提供）

寺廟全體僧人，手捧蠟燭，站在佛像前虔誠祈禱：在新的一年裡，本教佛法更加昌盛，天下有情出離苦海（2013年Olga攝）

新年平安燈法會還沒開幕，法王已早早坐在供案旁，雙手合十，默默祈禱（2013年Olga攝）

藏曆正月十五日的平安燈法會（2013年Olga攝）

　　全體僧人手舉點燃的蠟燭匯集在大經堂院落內，信眾每人手中端著蠟燭恭敬地站在僧人隊伍的周邊，大家爲了防止風把火苗吹滅，特意用礦泉水瓶做成燈罩。

　　擴音器傳出領經師渾厚的唱經聲和低沉的莽號聲。領經師唱誦《德秋》經文時，他每領唱一句，大家跟著唱一句，僧人唱誦同時，按照經文中要求行走的方向變換隊形。深沉、悠揚的唱誦聲，伴著燭光，震撼著在場的每一個人。

　　《德秋》經文大意是：跟著佛陀的光明走，願手中的燈，變成高大的須彌山般的光柱，照亮三千大千世界各個角落，願此光明消除所有的無明和黑暗，願十方三世一切諸佛菩薩的淨土都顯現……

　　雍仲本教認爲：燈是智慧光明的表徵，在佛前點燈，是藉著佛的智慧之光，照破癡迷的自我，袪除悔罪，消除無明，了知自性，也是傳遞愛與感恩的一種方式。我曾問法王供燈眞的有功德嗎？法王這樣說：「供燈的意義非常多，不僅對修心人和其他人有幫助，重要的是要有一顆爲了眾生而求解脫的菩提心，才能獲得供燈的功德。」

每月十五日的懺悔法會

每逢藏曆十五日，清晨天沒亮，全體僧人在大經堂內做懺悔
（格勒尼瑪提供）

良美大師告誡弟子：一個合格僧人首先要清楚哪些事能做、哪些事不能做；第二、每天要記住怎樣守戒，同時做錯了事要有自責；第三、要珍惜人生，以無常的心態看人間的痛苦，消滅自己的五毒。

　　曼日寺在每月藏曆十五日清晨 5:00，法王會帶領全體僧人來到大經堂懺悔。僧人坐在地上念誦懺悔經文，反省近日自己身、口、意做的錯事並懺悔改正。觀想本尊幫助自己驅除業力，再撒米、灑甘露水，念誦供養經、懺悔經、發願經、皈依經、供曼達經、祈禱經等。 之後，全體僧人站立，面向前方佛像磕大頭，在諸多佛、菩薩、本尊、空行母、護法神、歷代曼日傳承上師面前發心。之後，大家才能坐到禪凳上，全體僧眾念誦三遍懺悔經、三遍25條戒律經文、三遍250條戒律經文和供燈、供花、供香、供水、供美食的經文。

　　這時，法王會走到學僧身後隨意抽查尋問：「你認識到自己做錯了嗎？」學僧答：「我認識到了。」「你能做到以後不再做錯事嗎？」學僧答道：「能做到。」 法王問：「你做了錯事自己要承認，你要清楚自己失去了哪一條戒律，你要知道一個僧人不該做的事，你要在所有佛、三寶面前，在授250條戒律的僧人、堪布、羅朋面前懺悔，你能改正嗎？」學僧答「我能改……」

　　法王告訴我：「無始以來我們肯定造了很多惡業，故我們應當猛厲懺悔，懺悔是修學佛法的總綱領，懺悔是祛惡向善的方法，懺悔是淨化身心的力量。當我們的身口意受到染汙時，發起一個發自內心的悔改，生大慚愧心，發起度化眾生的菩提心，斷一切惡，修一切善，再入無上大圓滿境界證悟，無有輪回與涅槃取捨，才能清除罪業。所以我們隨時需要護持自心，否則會造無量的罪業。天天懺悔、天天改過、天天向上提昇，才有法喜。」

每月護法殿七天的誦經

曼日寺護法殿（2010年攝）

雍仲本教認為上師、本尊、空行母、護法的幫助，是一個修行者成為正果的四個不可缺少的根本，否則不能成功。寺廟護法殿是眾神明的佳息之地，是俗人不能輕易邁進的殿堂。

　　護法神高興與否，關係到寺廟的發展和僧人的安全及修學成績，護法神非常注重護法殿負責人──朱康拉姆碓的戒律、虔誠心、清潔的供品、嚴謹的供養儀式及各種規矩。這是一個非常重要的崗位，對其人選要求十分嚴格，藏區每個寺廟的朱康拉姆碓都是經過寺內主管活佛嚴格審查決定。曼日寺護法殿的朱康拉姆碓是法王親自指派的。

　　擔任朱康拉姆碓的學僧，每天作息時間十分緊張，不僅要把護法殿的工作做好，學習成績也不能差。夏季早上4:30起床，給護法神磕頭、點燈、供水、供酒、供食品。5:00念誦斯畢嘉姆、喜哇阿賽、桑秋左京經文、傳承上師青俊和二十三代曼日堪布寫的本尊、護法祈請文等。15分鐘早餐時間，7:00至7:30念誦瓦賽本尊經文，8:00至9:00念護法經和祈禱文。下午給施主誦護法經，18:00至19:00念誦諸位護法經、長壽經和迴向文。

　　曼日寺規定每個月的藏曆二十三日至二十九日，早上6:00至18:00，由首席領經師帶領九位僧人和朱康拉姆碓，連續七天念誦五大本尊和穆嘟、阿賽、斯畢嘉姆、紫巴色格、嘉布西昌、照璠等護法神經文。除了供水、酒、甜點、水果之外，朱康拉姆碓要提前一天做出大量多瑪，還要選心靈手巧的學僧每天做一個專用的密供──措。

　　措是給憤怒本尊、護法神的內密供品，代表息、懷、增、誅四種事業（息災法──消除病災等；懷慈悲法──獲得他人幫助；增益法──增長財富、壽命、官位等；誅殺法──摧伏怨仇魔怪）。象徵把宇宙中最好的寶物貢獻給本尊、護法神、空行母。措的外形有的像刺蝟，有的像臥獅，有的

供奉給本尊、護法神的密供──措（2013年攝）

像怪獸。揹採用青稞、酥油、白糖、堅果、奶渣等材料捏制而成，他的身體內部裝木質骨架，還有心、肝、脾、肺、腎五臟象形物，外有眼、耳、鼻、舌。

護法殿是一座典型的藏式密宗建築，紅牆黃頂重彩門窗，門楣上用象雄文寫著斯畢嘉姆護法神的心咒。殿頂部裝有象徵密宗息、增、懷、誅四種事業的四個名為「內都」的黑色桶型裝飾物，還有兩個象徵方便、智慧雙運，名為「夏日瓊日」的裝飾物。

舊時西藏的護法殿不許女人進入，怕護法神生氣而惹出麻煩。法王看到信眾都期盼得到護法神的保佑，就做出決定：曼日寺的護法殿女人可以進入。雖然法王向護法神下達了這樣的指令，強烈的好奇心驅使我懷著忐忑和恐懼，躡手躡腳登上護法殿的台階，在門旁脫下鞋子，屏住呼吸，輕輕掀開厚厚的褐色門簾，站在供桌前一米的地方，向前方玻璃窗內的各位護法神像，恭恭敬敬地磕頭行禮，然後坐在地上聽誦經。

供奉給本尊、雍仲本教密宗專用的密供（2010年攝）

領經師盤腿坐在長條禪凳上，左手拿著一個碗大的平鈴，右手拿著一根彎鉤型的鼓槌，用力敲打著懸掛在木架上的大鼓，其他幾位僧人隨著鼓點和他一起唱誦著，渾厚低沉的誦經聲和有節奏的咚咚法鼓聲，震得門窗嘩嘩作響，感覺護法殿的地都在顫動。

長條供台中間供著木質彩雕的良美大師像，左右兩側擺放著曼達盤、寶傘、寶瓶、多瑪、供水碗和一支迎接護法神用的五彩達搭。一個雕有眼、耳、鼻、舌、心，名為「那年南莫南」（又稱君吉多瑪）的供品，凸顯著特別的靈氣。

「那年南莫南」也是密宗的密供，象徵五蘊轉五智，代表把看到的美好景象，聽到的美好聲音，聞到的美好味道，嘗到的美好食品，獻給三千大千世界的佛、菩薩、本尊、護法和空行母，還有一般人不得知的密意。雍仲本教密

透過薄紗，隱約可見裡面的本尊和護法神像（2010年攝）

宗供品有外供和內供，我猜想這可能就是密宗內供中的特殊密供。

供台的左則牆上懸掛著四位護法神的彩色面具。面具頭上有的插著寶傘，有的插著紅、藍、白三面小旗，雖然是面具，但他們憤怒猙獰的面容，讓人看了還是有些恐懼。

玻璃窗內懸掛著紫色薄紗垂簾，七條橘黃色如蟬翼般的真絲紗綢如屏風遮擋著。我透過薄紗隱約可見裡面的本尊和護法神像：有瓦賽、炯秋、拉果、達拉、給闊，還有斯畢嘉姆、益西旺姆、穆德、佳布西昌等多位護法神。護法像下方的長條供案上，整齊地擺放著白色、紅色、藍色的哈達。護法殿的頂是藻井式，陽光從上面小窗投下來，感到殿內氣氛似乎柔和一些，但我還是有些畏懼。護法殿的核心部，除了朱康拉姆確可以進入，任何人不能靠近。

我很想知道護法神的樣子，就利用法會休息時間請擔任朱康拉姆確的丹巴旺傑幫我拍護法像。

斯畢嘉姆由從法、報、化三身佛的法性中幻化，是內、外、密的護法，白色臉代表外密，藍色臉代表內密，紅色臉代表極密。他有不同的神力和外相，是雍仲本教重要的護法（2010年丹巴旺傑攝）

嘉布西昌護法神在祖師單巴辛繞創建雍仲本教時就擔任護法，從溫薩卡時起至今寸步不離曼日寺（2010年丹巴旺傑攝）

穆嘟護法是斯畢嘉姆意的化生，也是曼日寺重要護法之一（2010年丹巴旺傑攝）

丹巴雍仲旺傑，2005年春季來到曼日寺，在法王面前接受25條戒律和250條比丘戒，2006年被法王親自指定擔任朱康拉姆確（2013年攝）

　　隨著誦經的內容，丹巴旺傑不時地在供桌前點燃熏香，放入香爐內。他重新整理一下袈裟，跪下，向神像磕三個頭，起身把袈裟的一角咬在嘴中，左手托起一個放有多瑪的銅盤，右手持一個銅質長把小勺，在供碗內盛一點兒甘露酒，雙手平舉過頭，慢慢轉身走到門外北側牆邊，念誦發願文後，高喊：「確……」同時將多瑪和甘露酒拋向空中。一切動作都是在凝神、穩健中完成。

　　護法殿後面山坡上懸掛著很多風馬旗，還有一座用磚砌成的「拉則」，裡面插著十幾根長竹竿，竹竿頂部安裝有象徵護法神用的武器的金屬裝飾物。

　　雍仲本教《象雄年居》中記載：西元前七世紀，部落征戰死了很多人，族人為紀念這些英雄，在高山、路口修建拉則。人們用很多白色石頭堆積成小山型，中間插一根象徵勇士武器之鐵制神木，供給當地神明，請神明護佑四方平安。

　　每到藏曆年，法王都帶領僧眾在這裡祈禱世界和平。

曼日寺護法殿後山上的拉則（2013年攝）

每屆曼日堪布
必須做的三件事

神殿內供奉畫著曼陀羅、眾多特殊法器及甘露藥粉（丹巴旺傑提供）

良美大師對挑選下一屆曼日堪布專門撰寫了一篇規則，其中提到：曼日堪布要擁有四個要素：一、意志堅定；二、謙虛；三、超人的績效；四、高超的領導藝術。同時規定，每一屆曼日堪布要完成三件事：第一、最少製做一次曼日甘露；第二、將本教的經文、修法全部傳授、灌頂給弟子；第三、選出下一屆曼日堪布。

雍仲本教的甘露，是用藏藥和一些聖者加持物製作成的小藥丸或藥粉，此藥具有消除障礙、驅災延福、增長智慧的功能，更有利於禪修者清除煩惱，觀照更臻圓滿，還可裝佛像使用，可做煙供供養一切眾生，可放入江河湖海利樂龍王及水族眾生，可佩帶驅除逆緣護佑平安，可助亡者滅罪助其往生淨土或善道。

製作曼日甘露是一個大工程，工期需要一個月。一切按照經文中的要求操作，購買數百種藏藥並加工磨成粉，放入曼日成就者的舍利和成就者加持過的聖物，製成一個個如綠豆大小的丸粒。全體僧人需提前一個月誦經、畫曼達、練習跳神舞、做上萬個擦擦、多瑪及各種供品，搭建本尊壇城神殿。並誦經祈請普巴金剛或其他本尊作為主尊，及各位佛、菩薩、本尊、護法、曼日寺歷代成就者，共同把普通的藥粉加持成治療一切疾患、驅除一切煩惱的神藥，同時具有法界體性智、大圓鏡智、平等性智、妙觀察智、成所作智，五大智慧威力的甘露。

法王和堪布陳列尼瑪在檢查製作甘露的藥粉（丹巴旺傑提供）

法王至今製做了兩次曼日甘露，第一次是雍仲林寺堪布圓寂後，1988年法王代表雍仲林寺製作的甘露，第二次是2007年舉行的曼日甘露大法會。

那時，寺廟建築重新粉刷一新，各個角落乾淨整潔，寺廟內外一派喜氣。大小經堂和護法殿內供奉著祖師、普巴金剛、瓦賽金剛、籌悟旺秋和本教的一切寂靜本尊、憤怒本尊的塑像。

150多位學僧分成兩班，每天早上6:00至凌晨2:00分別在大小經堂和護法殿誦經，吹奏各種法樂。隨著甘露加持進度，學僧和穿戴天女盛裝的小僧人，圍繞著裝有甘露粉的神殿邊誦經文邊逆行跳旋轉舞，附近的信眾和300多位小僧人圍繞著大經堂高聲唱誦普巴金剛心咒。

　　法會連續一個月，進行到最後一天時，寺廟院內插滿彩旗，全體僧眾誦經，邀請四大天王下凡喝彩，並舉行金剛神舞，熱鬧非凡，可以說是普天同慶。

顯宗灌頂法會

2013年10月18日，法王跟隨儀仗隊進入大經堂，舉行灌頂法會（2013年攝）

灌頂是雍仲本教具有阿闍黎資歷的上師傳授密法的隆重儀式，象徵授權，意為招繼法門，播種佛種之意。84歲的法王計畫用三年時間，給弟子傳授雍仲本教的86個顯、密、大圓滿教法的全部灌頂。2013年10月，我和師妹王玲及她78歲的老母親一起，有幸參加法王主持的顯宗、密宗共33位主尊佛系列的大型灌頂法會。法王為了圓滿完成這次法會，特別成立了灌頂法會小組。法會在大經堂內舉行。大經堂寬敞明亮，一切裝飾基調為紅色，顯得特別喜慶和莊嚴，處處透著聖光和神韻。

曼日寺大經堂（2010年攝）

體積高大、做工精美、妙飾嚴
身的祖師單巴辛繞佛像，坐落在大
經堂正中央鑲滿寶石的蓮花座上。
佛像下方是曼日法王寶座，和曼日
寺首席導師丹增南達仁波切的寶座
。長條供案上整齊地擺放著各種供
品。與供案相應的中間甬道頂部，
懸掛著方形多層寶傘和大小經幢，
通道兩側各是十排長條禪凳。12個
紅色方柱上端，雕刻著精美的祥雲
和撒花天女。橫梁上分別用象雄文
字寫著佛母強瑪心咒、五大本尊心
咒、文殊菩薩心咒和八字真言。橫
梁下端懸掛著新舊不同的唐卡，整

格勒嘉措，2006年取得格西學位。
現擔任講修學院的羅朋，負責教師隊
伍（2013年攝）

個經堂氣氛既莊嚴又和諧，既有精神所在又充滿藝術氣。

　　十月十八日是灌頂法會的第一天。灌頂的主尊是慈悲至愛能催破一
切魔障、照破眾生暗冥、獲得壽命財寶長遠豐饒、成就一切種智的南達
白瑪隆仰佛系列。

　　早上6:00我們進入寺廟，七位學僧在大經堂內念誦經文。9:00參加
灌頂法會約180位僧人、70位女尼，還有從尼泊爾赤丹諾布則寺專程來
的50位學僧。他們每個人的頭刮得亮亮的，穿著乾淨整齊的僧衣和地
方信眾共300多人，站立在大經堂下方的院落中，靜靜地等候法王。講
修院的諾本格勒嘉措，左肩上搭著一本用黃布包裹的長條經書，嚴肅地
站立在大經堂門口處。

　　9:30法王頭戴藍色五佛冠，身披黃色袈裟，在法號聲中走出他的住
房，停住腳步，環視一下院落中的僧眾，微笑中帶著淡定的神情，邁步
跟隨手舉哈達的引香僧和法樂手組成的六人儀仗隊，進入大經堂，登上
法台，坐在法座上，搖動手中的平鈴，開始誦經。

　　僧人和信眾迅速進入經堂，就地向前方磕三個頭，迅速坐在禪凳
上。法王領誦《德秋》經文，法王每念一句經文，學僧齊聲應誦一句。
法王又領誦一句經文，學僧又齊聲應誦一句。此起彼落，如同大海的波
濤蕩漾在天地之間。之後，全體僧眾念誦皈依經，曼達供養經、菩提願

法王連續三次將甘露水沖灑在銅鏡上（2013年赤雍仲攝）

經……這是一個嚴肅的法會，我作為一個女性、俗人，不能隨意走動拍攝，為了記錄下這難得的場面，我把相機交給學僧赤雍仲，請他幫我拍攝。

法王念誦一段經文後，全體僧眾齊聲說：「久吉！久吉！」（記住了）。9:40法王誦密集經文後，端起寶瓶，將甘露水沖灑在確本（祭禮神壇的專職僧）手托著盤子裡的銅鏡上，法王連續三次將甘露水沖灑在銅鏡上，據說：這是祈請佛專有的銅鏡。

另一位確本端著甘露水碗，給坐在前面位子的堪布、羅朋、領經師每人手中倒一小勺甘露水，之後把甘露水灑在孔雀羽毛做的卡爾堅上（樣子像扇面），揚起胳膊，拋灑在僧眾頭頂上，正好幾滴甘露水落在我臉上，涼絲絲的，十分舒服。我用手指抹下仔細看，淡白色，是用牛奶做的甘露水。

僧人隨著法王一邊誦經、一邊打著各種供養手印，法王從曼達盤上捏一些米粒用力向空中拋出。這時，法鼓、長號、小螺號和大鈸齊鳴，法樂的轟鳴聲震盪著整個經堂。

戴雞冠帽的神確，雙手端著曼達盤，慢慢走到法王身旁，法王雙手

法王念誦南達白瑪隆仰佛系列經文（2013年赤雍仲攝）

接過曼達盤，端至額前，停留片刻，然後輕輕放在面前的供桌上。法王念誦《清靜蓮花廣屆儀軌》、《大悲佛母咒贊》、《大悲佛母續解》、《南達白瑪隆仰》經文。經文很長，法王念誦了一個多小時。我看到法王閉著左眼只用右眼看經文，事後才知道法王左眼視力很弱。

　　這時鼓號聲再度響起，各種法樂吹奏聲比上一次高出幾倍。一位神確手提香爐，前後甩蕩著依次在各排人群中熏煙，帶有檀香味的白色煙霧漂浮在經堂的各個角落，這是在清理場地氣息。經書中記載這種煙霧有驅除晦氣、消除障礙作用，很多僧人抓一把煙霧撒向自己面部，我也學著他們，伸出雙手將上空的煙霧煽向自己頭頂。

淨化灌頂場地，迎請佛（2013年赤雍仲攝）

身佩彩色神衣，左手提香爐、右手高舉哈達的學僧，帶領著兩位身佩五彩神衣吹短號的學僧和端多瑪、端寶瓶、端雜嘎集（畫有佛像、法器等內容的小卡片）、端經書、端覺般（灌頂專用寫有種子字的布條）、端紅色金剛結的九位學僧，排著隊，從大經堂後面右側緩慢地走向前方，繞經堂兩圈後，把曼達盤和白色多瑪放在法王面前的供台上，將雜嘎集等物品放在櫃前台案上。

　　首席領經師王傑，帶領兩位領經助手從座位上站起，他們重新整理自己的袈裟，向前方行磕頭禮後，三人站立齊聲念誦經文。站在法王身旁的一位格西，雙手將一隻銅香爐遞給法王，法王一邊念誦經文、一邊把香爐高高舉起讓僧眾看，之後，站在法王身旁的一位學僧，接過香爐放在櫃前台案上。法王又接過格西遞上的一隻黃銅管狀供品，高高舉起讓僧眾看，依次還有尊勝幢、海螺、雍仲恰相、寶瓶、法輪等供品。法王接過格西雙手遞上的一張雜嘎集，口中一邊念經、一邊高舉雜嘎集，從左側慢慢向右側移動，停頓幾秒鐘，意思是讓僧眾看清楚上面的佛像和圖案。格西依次先後遞上15張雜嘎集。

法王舉起雜嘎集給僧眾灌頂（2013年赤雍仲攝）

僧眾用哈達遮住眼睛，等待選擇與自己有緣的佛（2013年赤雍仲攝）

　　大約40分鐘後，學僧從懷中取出白哈達繫在自己頭面上，我也趕快取出事前準備的哈達蒙上雙眼。但又想看看這神祕場面，我就把哈達掀開一條縫隙。這時看見一位學僧端著一塊四方形畫著曼陀羅圖案的木板，正彎腰將木板放在講修院堪布面前，堪布的雙眼被哈達遮擋著，他伸出右手，將自己手中的念珠隨意放在木板上。學僧低語向堪布說了一句話，堪布面部沒有任何表情，依舊靜靜地坐著。學僧依次將木板逐一放在每個學僧面前，我連忙整理好哈達等候著。

　　那位端著曼陀羅木板的學僧走到我面前，我伸手將手中的念珠輕輕放在木板上，那位僧人輕聲對我說：「將」（中間位置）。經堂內不斷

法王持專用的小刀挑起蒙在堪布雙眼上的哈達（2013年赤雍仲攝）

響著僧眾放念珠的「啪」、「啪」聲。我又忍不住掀開哈達，看著這少見的場景。

大約45分鐘後，法王伸手用一把黃色金屬小刀，挑開他身旁那位格西臉上蒙著的哈達，緊跟著一位學僧迅速用木質小刀輕輕敲一下每個僧眾頭頂，示意大家取下哈達。

法王連續三次念誦各方位佛的名號及祕密名字。與相應方位的僧眾和信眾回應：「阿拉！阿拉！阿拉！」（知道了，知道了，知道了）。

法王又開始念誦經文，他右手搖動平鈴、左手拉著一條白色哈達。法王身旁的那位格西將自己手中的哈達與法王手中的哈達，一端繫在一起，同時三四位學僧將五條哈達一同系在這條哈達上，座位上的學僧從懷中取出哈達，分別與這五條哈達連接。瞬間，無數條哈達像瀑布般流淌在紫色的海洋中。我也將自己的哈達與旁邊學僧手中的哈達繫接，在場的每個人的哈達都與法王手中的那條哈達連結著，我猜想這就是接受傳承吧。

大約10分鐘後，法王靜靜地環視僧眾，說：「我年紀大了，我要把本教的法全部傳給你們，這次灌頂可能是最後一次，你們只要認真修

蒙著眼睛的管家，將念珠投放在畫有曼陀羅圖案的木板上，念珠的位置是自己和哪個方位的佛有緣（2013年赤雍仲攝）

行，總會有一天能見到佛。灌頂是給你們一個修行的權利，要打坐尋找自己的心。俗家弟子要念經、磕頭、敬佛，多做善業、多布施，消除身上的無明和五毒。你們也要找到自己的本性，這是必須要做的……」經堂內靜悄悄的，大家都目視法王聚精會神地聽著叮囑。

11:30在歡快的法樂聲中，全體學僧和信眾給法王敬獻哈達，負責服務的學僧發給每個人一個寫有代表五方佛種子字的藍、白、紅三色方形小布塊，藏語名「覺般」，男眾將覺般繫在左肩衣服上，女眾將覺般繫在右肩衣服上。

11:50灌頂法會結束，法王跟隨儀仗隊慢慢走出大經堂，看上去腳步輕盈，他笑著望著大家，回到房間。

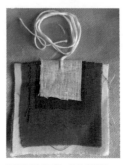

用五色布做成的覺般，象徵接受灌頂的標誌（2013年攝）

覺般內，有用朱砂印的五方佛的種子字（2013年攝）

密宗灌頂法會

學僧格勒尼瑪跪在供桌前祈禱：天下有情眾生離苦得樂（2013年攝）

灌頂法會連續進行29天，開啓了28位顯宗佛系列法門。11月11日開始連續五天是密宗拉果本尊系列、佐秋本尊系列、給闊本尊系列、普巴本尊系列的灌頂。最後一天的普巴本尊系列灌頂，達到法會最高潮。本尊普巴金剛，是空性與智慧結合的不二體性。修持普巴法，可斷一切自我之貪執，消除內心恐懼，獲得了解法界，了悟本性。

　　清晨，大經堂內幾位學僧在認眞地擺放各種供品。

供奉給本尊普巴金剛的甘露（2013年攝）　供奉給本尊普巴金剛的措（2013年攝）

格西在核對灌頂用的雜嘎集，進行排序編號（2013年攝）

這天，山下中小學校宣布停課，校長帶領全體師生參加灌頂法會，到會人數達1300多人。

普巴金剛灌頂的經文特別多，領經師帶領七位僧人已經念誦了15個小時，據說灌頂結束後，學僧還要念誦十幾個小時才能將十幾卷經文誦完。

9:30法王外披黃色袈裟、內披藍色袈裟，頭戴五方佛寶冠，跟著儀仗隊進入經堂，登上法台。

法王左手持金剛鈴，右手搖動手鼓，領經師揮動著手臂有節奏地敲著大鼓，吹奏手鼓起腮幫子用力吹著螺號、莽號、嗩吶號，繫在號角上的藍色絲帶，隨著樂手喜悅的心情不停地跳躍。四位學僧變換著花樣敲打著大跋，一時法樂聲響徹整個經堂，曲調時而莊嚴、時而輕鬆、時而高亢、時而低沉，嗩吶吹出高音的最高音，莽號奏出低音的最低音。

法王用右手無名指沾了一下送上的甘露水，點在自己的額頭、喉嚨、心部，口中輕輕念誦嗡、阿、吽。講修院堪布、羅朋走到法王前行三次磕頭禮後，法王用右手的無名指沾著甘露水，分別在他們的前額、喉部、心部點沾，之後他們緩慢退步回到自己座位上。

法樂手吹起歡快的曲調（2013年赤雍仲攝）

法王一邊念誦經文，一邊用右手的無名指沾著甘露水，在堪布的前額、喉部、心部點沾，給予身口意的加持（2013年赤雍仲攝）

　　領經師邊誦經、邊打著各種手印。我聽不懂經文的內容，只能雙手合十閉上眼睛，用六識感受這如潮如湧的誦經聲。10:00大家開始用哈達蒙眼睛，分別在畫有曼陀羅的木板上放念珠。

　　10:20在轟鳴的法樂聲中，五、六位學僧將一塊十幾公尺長的黃色絲綢瞬間打開，遮擋住法台，我們只能看見黃絲綢後面法王法帽頂部的尖尖裝飾物。

學僧拉起一塊長條黃色綢布，遮擋住法台，這是密宗灌頂儀軌之一（2013年赤雍仲攝）

　　10:25喜慶的法樂聲再度響起，滾動的熏煙彌漫在經堂中。學僧拉開黃布，全體僧人齊聲唱誦迎佛經文。法王灑甘露水於銅鏡上，學僧雙手結供養手印，齊聲念誦供養經，低沉而負有磁力的祈禱聲回蕩在經堂內。我雙手合十，望著法王。法王那雄渾、悠遠、厚重而又深邃的誦經聲，通過麥克風如同雷射線般穿進我的胸膛，進入我全身的血液，好像在呼喚我的靈魂，讓我深深地去感受、去領悟、去發現……這是來自遠古的呼喚，耳邊突然閃出一個聲音「法王就是良美大師」。原來世間所有的相遇都是久別的重逢，我激動得淌下熱淚。

　　法王口中不停地誦經，左手上下搖動平鈴，右手左右搖動手鼓，他搖呀搖！搖呀搖！我渴望借助這咚咚的法鼓聲和清脆的鈴聲，敲開我的無明，安住在那寂靜的法性中。一學僧將雜嘎集放在法王面前的供台上。又一陣熱烈的法樂響起。

學僧托舉著供給佛、本尊的酥油花多瑪（2013年赤雍仲攝）

老人攏著耳朵，專心聽法王誦經（2013年攝）

這時，法王快速搖動幾下銅鈴，經堂內瞬間鴉雀無聲，我看到所有的僧人和信眾都閉著雙眼，進入禪定。約5分鐘後，法王雙手輕輕碰了一下銅鈴，大家在清脆的鈴聲中睜開雙眼。法王帶領僧眾做九節佛風，之後大家又一次進入禪定狀態，我也趕快閉上眼睛，大殿內靜悄悄，好像空無一人。約5分鐘後，一道清脆的銅鈴聲劃破寂靜，禪定結束。接著，法王一邊誦經一邊雙手熟練地打著各種手印，他頭頂上方的白織燈，如月光照在他藍色法帽上，法帽泛出藍寶石般的光芒。

　　11:30法王在領經師及僧人的誦經聲中，右手舉起一張雜嘎集，從左至右緩慢移動，示意大家看清楚，之後再換一張……

　　法王陸續舉出93張多嘎集。我看到法王在舉雜嘎集的同時，緊閉左眼，努力用右眼聚焦念誦雜嘎集上面的文字介紹。法王不停地念著經文。

　　13:00，四位學僧提著大桶米飯，出現在僧人的隊伍中。法王帶領僧眾念誦敬茶飯經文後，法王摘下法帽，捏幾粒米飯，向空中拋灑，再捏幾粒米飯放在口中慢慢詛嚼著。神確送上一小勺甘露放在法王手中，法王嘗了一下，皺了皺眉頭，可能覺得太辣了。

灌頂時間已經進行了三個多小時，參加法會的學生坐累了（2013年赤雍仲攝）

法王左手搖動平鈴，右手搖動手鼓，同時念誦著經文（2013年赤雍仲攝）

學僧吃飯前都要念誦供養經，同時感恩施主的供養（2013年攝）

法會結束，把各種供品分發給參加法會的人，據說有助身心健康、消除惡緣功效
（2013年攝）

　　米飯很好吃，裡面加入了葡萄乾、核桃仁、腰果和杏乾。僧眾緩慢
地用三個手指將米飯捏起放進口中，閉口咀嚼，動作是那樣斯文，經堂
內靜悄悄的，只有茶飯僧輕輕的腳步聲。法會期間的菜飯、酥油茶是施
主供養的。

　　13:30法王戴上法帽繼續念經。13:45法王看見大家實在堅持不住
了，宣布休息15分鐘。法王坐在法台上，微笑著看歡笑的僧眾湧出經
堂大門。幾分鐘後，領經師等人來到法王面前說：「仁波切，辛苦啦，
下來活動一下身體吧。」法王笑著說：「我沒有累呀，再堅持一會兒沒
有問題，我看你們堅持不住啦，所以讓大家休息休息。」15分鐘後法
王又開始誦經，我聽出法王的嗓音有些嘶啞。14:25法王先後陸續舉82
張雜嘎集。

　　15:50全體僧眾在歡快的法樂聲中逐一給法王敬獻哈達，灌頂法會
圓滿結束。

　　法王走出經堂時，已經是16:30。那天的灌頂持續了六個多小時，
法王念的經文共有30公分高。望著法王疲倦的身影，我心中生起對法
王的無限敬仰，能得到這樣具格上師的灌頂、加持和引導，真是三生有
幸呀！

法王叮囑

法王感謝大家的祝福，並祝福大家身體健康，學佛更加努力
（2013年赤雍仲攝）

灌頂法會圓滿結束的第二天，全體僧人聚集在大經堂內給法王祝壽。僧人雙手合十，高聲唱誦本教昌盛經文；曼日寺法王恆常住世祈禱文和曼日寺雍金師尊恆常住世祈禱文：

　　妙哉！
　　十方無邊勝者及勇士，智悲本智自性彙集處，
　　博大精深弘法宏業尊，隆度丹貝尼瑪永住世。

　　三學教主眾生之怙主，遍智尼旺化身證力全，
　　顯密精要本性大圓滿，持護教法宏業極清靜，
　　師尊智慧語王敬祈禱。

　　深沉、悠揚的唱腔頌詞，感染著在場的每一個人，我眼睛濕潤了，不知不覺地雙手合十，祝福尊敬的法王身體健康、長壽！法王是人中之寶，法王就是良美大師，他以自己的慈悲、寬厚、智慧和獨有的人格魅力，喚起僧眾學佛、修法的堅定信念，喚出僧眾幫助天下有情眾生出離輪迴的決心，爲我們開示圓滿無誤之道，如佛親臨。法王在我們快墜入惡趣深淵時，現身宣說正法，是帶領我們出離苦海的佛陀。

　　這時身披黃色袈裟的堪布，代表全體僧人把一尊佛像、一套經書、一座銅質小寶塔獻給法王。

　　法王雙手接過這三樣禮物，微笑地環視四周，對大家說：「謝謝大家，你們辛苦啦！這次灌頂非常圓滿，咱們灌頂的雜嘎集是最標準的，現在的畫師都憑著自己的想像修改畫面，這樣不好，這裡所有的格西你們記住：要把經文和雜嘎集核對好。你們要發心，不僅爲自己，要爲天下所有眾生得解脫發心，要祈禱上師，每天必須念誦三遍三大眞言，消除自己身口意做的惡業。灌頂和經文的傳承是曼日寺的傳統，每一屆曼日堪布都是這樣傳承的，從沒有間斷過。每次灌頂、皈依、懺悔、發心、十萬加行都包含在內。曼日寺和尼泊爾寺廟學習的內容是一樣的，我們的寺廟這麼多僧人，100多位格西，尼泊爾也有很多，今後這其中一定會出現一位優秀的人才。俗家弟子也要皈依、修加行，雖然沒有單獨受居士戒，但是，你們一起參加灌頂，受戒就包含在其中了。念誦皈依經，要想到接受戒律，不要信鬼神，不要拜外道，不要迷信，不要評

論經書好壞，不要評論佛像、唐卡好看不好看，不要有任何分別心。

「我們佛弟子要懂得因果，要知道什麼是惡業，什麼是善業，要知道怎樣消除惡業。在家弟子要遵守五戒，出家弟子要遵守五戒和比丘250條戒律，女尼要遵守女眾八戒和比丘尼360條戒律。要遵守國家法律，不懂這些，就不是佛弟子。我們每時每刻都會在身、口、意方面造業，要祈禱、要念經，祈禱的同時要做善事，還要認真做回向。

「你們在家居士事情多，做不到每天念一遍經，一個月念一次也行，再沒有時間，念心咒也行。灌頂前的心態和灌頂後的心態應該不一樣，如沒有改變心態，你們來灌頂也是沒有用的。祖師單巴辛繞、桑赤爾桑、桑坡本池、辛拉維噶四位聖人幻化出1180尊佛，就是幫助眾生對治不同的煩惱。老人們，你們要想到無常，我們都要離開這個世界；你們每天要堅持念心咒，多轉經桶；你們要好好學佛，成為救度眾生的人。這次完成外和五大本尊的灌頂，下次是內的灌頂，經文比現在還要多，這次很多人供飯、供茶，我謝謝你們。祝願你們身體健康，快樂幸福，努力精進。」

【第六章】溫故創新

修建尼姑庵
創女尼辯論學校

女尼的辯經課（2013年攝）

教授女尼文化課的肯秋多傑老師（2010年攝）

　　2000年法王決定在曼日寺對面約三公里的山上修建尼姑庵，因山上沒有路，運輸建築材料成爲學僧的任務。2001年4月11日，尼姑庵全面竣工，法王給命名爲仁納美林，是成熟的良藥果實之意。建築風格是法王和法國學僧雍仲旦眞設計的。那時有48位女尼，年齡最大的40歲，最小的9歲，大多來自國內阿壩、嘉絨、巴青和尼泊爾等地。

　　法王親自給她們授戒、講加行、教誦經文的音調及身布施等儀軌，法王請村中最有學問的肯秋多傑做老師，教授她們文化課。

　　聽說肯秋多傑老師，特別慈悲和嚴肅，並教學有方。2010年我去曼日寺時，請學僧久美洛智幫我翻譯，拜訪了老人。

　　82歲的肯秋多傑老師告訴我：他出生於阿里，1968年來寺廟，幾十年一直負責給女尼講加行和文化課。尼姑庵的吃飯、穿衣、醫藥等所有生活用品沒有限量，全部費用由曼日寺基金會供給。年紀小的女尼在附近的學校讀歷史、藏文、英文、印度語、品德教育等課程。待學習畢業後，自願選擇繼續學習或出家，那時再與女尼一起學習般若課程等。法王經常來這裡瞭解女尼吃、住、遵守寺規、戒律等各方面的情況，法

上早課的女尼們（2010年攝）

王常常叮囑主事的女尼：「每個人都有貪瞋癡慢疑，但一定要團結，互相忍讓，大家要開心，要努力學習。寺廟是你們自己的家，不是我的，有什麼困難寫個紙條讓管家送過來；生病了讓醫生白久送藥過來，也可以到縣城醫院看病。不論有什麼困難，要都說出來，一定說出來，我給你們解決。」

　　法王給女尼們充分的選擇空間，他對女尼們說：「出家人要遵守戒律，真正出道，是很難做到的。首先自己要搞清楚，煩惱是自己的過錯，如盲人點燈，是自己意識想像的。目前寺廟資金不充足，如果覺得這裡條件不好，可以去其他的寺廟。」法王叮囑年紀小的女尼：「你們一定要好好學習，17歲中學畢業了，自己選擇道路，可以出家，可

以工作，也可以繼續學習，我可以供你們讀大學、讀碩士、讀博士。」

　　現在，尼姑庵設有領經師、鐵棒喇嘛、管家組成的寺管會，講修院設立堪布、羅朋。每三年換一次人選。曼日寺堪布陳列尼瑪，負責尼姑寺廟的全部教學。肯秋多傑老師在這裡教學基本沒有報酬，他說能幫助法王分擔一點兒負擔，自己非常高興。

　　2010 年法王宣布尼姑寺成立辯論學校，讓格西單真根恰擔任老師。我請教法王，為什麼開辦這個學校時，法王笑著告訴我：「舊社會，因戒律原因，藏傳佛教各個教派都不允許女尼參加辯經。現在全世界都在提倡男女平等，我們出家人也要跟上時代步伐。曼日寺僧人學習什麼課程，女尼也可以一樣的學習。2013 年 1 月 31 日，女尼講修院舉行考試，其考卷內容和考場紀律與僧人一樣嚴格。」

　　2013 年冬季的一天下午，我請格西單真根恰老師帶我去尼姑庵看辯經。單真根恰告訴我：「法王每次到尼姑庵，不論是講課、授戒還是視察，都是帶一、二位侍者乘著工具車靜悄悄地來，我多次問法王：是否需要女尼們舉行迎請儀式？法王總是笑笑說：『不需要吹海螺迎接，只要一個凳子就行了。我喜歡做平常人，說平常話，不喜歡一個人坐在高高的枱子上演講。』我們只能按照法王的意願，在院落中放上幾把塑膠椅子和一個小茶几，大家圍繞在法王身旁暢所欲言，法王非常開心，我們也特別放鬆。」

　　我們在教室前的院落中見到十幾位女尼正在辯經。她們兩個人一組，互相交換著問答，問答的聲音較小，肢體語言也顯得沒有男僧那樣剛勁有力。目前寺廟有 82 名女尼，法

女尼在普明法會上（2015 年攝）

接受了360條比丘尼戒律的益西夏瑪（2015年攝）

王親自給她們授八戒，還給四名女尼傳授了 360 條戒律。女尼的八根本戒是：不殺生、不偷盜、不邪淫、不妄語、不兩舌、不邪見、不憤怒、不恨心。360 條戒中有：身 100 條，語 100 條，意 100 條，行 20 條，衣飾 20 條，食 20 條。女尼受戒時間爲一天一夜，第二天早上天亮時分，還需接受悔補戒律。

我曾問法王：雍仲本教女尼的 360 條戒律是什麼時間建立的？藏傳佛教其他教派有嗎？法王說：這個戒律是祖師單巴辛繞建立的，雍仲本教歷史上設有格西瑪學位，受了 360 條戒律的女尼格西成爲格西瑪。其它教派有 360 條戒名，但沒有 360 條戒律內容。聽說一位歐美女眾在藏傳佛教的一個寺廟出家，學習七年辯經，獲得格西瑪學位，她想接受 360 條戒律，找到很多教派的不同上師，都沒有找到 360 條戒律內容，最後找到藏傳佛教最顯赫的人物面前，他告訴這位女尼：我這裡沒有 360 條戒律的內容條款，釋迦牟尼佛沒有傳給我，你去找釋迦牟尼佛吧。

修建密宗院

密宗院四面牆體顏色，分別代表密宗的息、增、懷、誅四種事業（2013年攝）

密宗院殿內，四面牆體形狀也依密宗的要求，有圓形、正方形、彎月形和三角形
（2013年攝）

　　法王帶我參觀坐落在寺廟西側的密宗院，法王邊走邊告訴我：寺廟
是靜修的地方，不能大聲喧譁。西藏曼日寺歷史上，在家人不能進入寺
廟探親和轉經堂。現在時代不同了，要方便信徒和參觀者，你們白天可
以進入寺廟。每年寺廟組織兩次會餐，僧人可以在密宗院一層大廳大聲
說話、盡情唱歌，二層、三層是打坐、念經、開法會的場所。密宗院有
三層，共1500多平方公尺，其建築風格是單巴辛繞祖師設計的。四面
牆體顏色各不相同，分別代表息、增、懷、誅四種事業。東面外牆為白
色，象徵──息；北面外牆為綠色，象徵──增；西面外牆為紅色，象
徵──懷；南面外牆為藍色，象徵──誅。

　　我邊聽法王的介紹，邊隨法王走進第三層，發現裡面四個方向的牆
體形狀也各不相同，東方牆體是圓形，供奉著喜金剛阿賽等慈悲類金剛
塑像，北方牆體為正方形，供奉著跟囊恰巴憤怒類金剛塑像，西方牆體

為彎月型，供奉著縱秋卡將金剛類塑像，南方牆體為三角形，供奉著南巴嘉哇金剛類塑像。

我隨法王登上密宗院頂部的平台，看到一個高九公尺，直徑七公尺的白色大寶瓶建築，串串彩色流蘇鑲嵌在豐滿的瓶體上。象徵十三層天的十三個塔輪堅挺地伸向天空，雕刻的粉紅色千瓣蓮花，圍繞簇擁在十三層輪的基座上。東、北、西、南四個方向，各鑲有一個象徵密宗壇城無比強大的南久旺丹。從塔尖斜拉到地面的十三條印有單巴辛繞祖師畫像和地、水、火、風四大元素的經幡，在微風中輕輕飄動，四周紅色圍牆上畫有300多個藍色雍仲符號。

法王帶我走到建築後面，指著對面的山說：這裡的山體非常鬆散，下雨時雨水夾雜著山土咆哮下來，山水很大，一直沖到下面的乳牛場，每年都必須加固，雖然已經修築過三次，地下埋了很多排水管，但也不能完全解決問題，圍牆擋不住泥沙的力量，還是被衝垮了好幾次，這是他一直擔心的。法王又指著山坡上白色關房小聲說：「現有一個俄羅斯居士在那裡閉關呢。」

密宗院五年的施工過程中，法王幾乎隔一、兩天就要到施工現場查看品質（2010年攝）

密宗院是2006年破土施工，2011年11月落成開光，法王親自命名「辛吉桑阿滾珠林」（辛吉——代表祖師單巴辛繞；桑阿——密宗；滾——打坐；珠——修法）。每隔一、二年，在這裡舉行愁悟金剛、喜哇金剛、瓦賽金剛的除障普明法會。

　　法會是按照雍仲本教大譯師東青圖卿著《結崩》和象雄有關經文展開的，邀請80位本尊和眾多大護法神及千佛共同參加的大薈供，達到幫助眾生破己慳貪，增長福祿，國泰民安，世界和平。

　　火供也叫護摩，是雍仲本教密宗修煉、祭神的一種儀式，因供的本尊不同，其誦經、祈禱的內容和供品也不同。火供時，將其本尊的壇城焚化，熊熊大火化成滾滾濃煙，達致上空，招來宇宙神祕力量，扭轉惡因惡果，效果及顯。

　　火供供品種類繁多、量極大，如畫製本尊的壇城；製作本尊的兵器木牌；書寫本尊的各種真言咒語；捏製上萬個各種各樣的多瑪；插繫象徵吉祥的數百枝木蝴蝶、味道清香的紅柳樹枝、松柏枝和熏香；還有

學僧們為普明法會製作象雄文的本尊咒語木牌（2010年攝）

學僧在供台上擺放各種供品（2010年攝）

　　裝滿青稞、小麥、大米、糯米、花生、油菜籽、藏藥、冰糖等上千碗供品。所需的象雄文字木牌，因用量大、工序多，要提前一年製作，所需壇城要提前七天畫製，所需花紮、多瑪等供品也要提前七天準備。所有供品的擺放，都是嚴格按照經書上的要求，逐一安置。據說火供法會念誦十幾卷經文，領經師帶領僧人每天念誦十一個小時，連續七天才能把經文念完。

　　2010年11月，我有幸第一次看到隆重的普明法會。

　　我們按照普明法會舉辦日期，提前七天來到曼日寺，看到全體僧人都已投入在法會準備工作中。有的在大經堂內畫壇城；有的在繪製象雄文字木牌；有的在納巴公巴內擺放供品；有的在清掃衛生，村中的老鄉也前來幫助紮松柏枝。全寺上下一派繁忙。

村中的老鄉幫助做松柏枝供品（2010年攝）

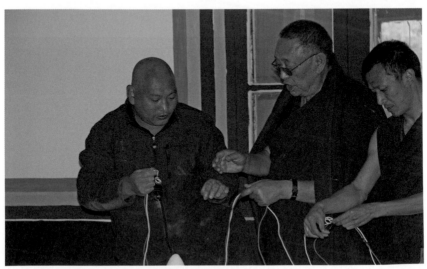

普明法會準備階段，法王每天都要來到密宗院查看燈光線路、多瑪製作、供品擺放
等事宜（2010年攝）

天還沒亮，五位學僧將畫好的壇城，小心翼翼地抬向普明法會場地（2010年攝）

　　法會舉辦那天清晨，天還沒亮，我來到寺廟，剛好遇到五位僧人抬著畫好的壇城，從經堂出來。他們帶著口罩邁著凝重的步伐，小心翼翼地行走著。我尾隨他們來到密宗院下面的空場上。場地上十幾位學僧正在搭建火供台。他們在一公尺多高的方型石台內，放了兩根碗口粗的圓木，上面鋪了厚厚的綠松枝，四位學僧抬著壇城、圍著方台逆時針繞三圈後，將壇城平穩地安放在松枝上面。供台上，由三根粗木柱支起一個三角形架子，外層又用三根角鐵搭了一個架子，將很多松柏枝、木刨花、松香粉堆放在鐵架周圍，再用紅色、白色、藍色、綠色、黃色絲綢將整個供台圍住，最後在供台五公尺以外的四個方向，分別插上四面彩旗。

　　密宗院二層經堂內，一些學僧在準備法會用的法器，一位學僧笑呵呵地端來一個紅色大多瑪。上面精美的圖案，讓人欣賞不夠。左右兩張供台上，整齊地擺放著數百盞小油燈、小傘幢、花插、香柱、紅多瑪、綠多瑪、黃多瑪、酥油磚、奶豆腐、玉米飯、水果、甜點、冰糖、黑

普明法會上各種供品的數量及擺放位置，是嚴格按照經書中的要求擺放（2010年攝）

學僧將法會用的法器抱到會場（2010年攝）

普明法會的多瑪是用青稞麵加沉香、砂仁、肉蔻、白豆蔻、冰片、丁香、檀香、七味藏藥等多種材料合成（2010年攝）

法王乘坐著平時寺廟拉泔水、買菜的工具車來到密宗院，主持普明法會（2010年攝）

豆、麵粉、經幡、戰神圖，兵器牌、糌粑球等各種各樣的供品。靠牆豎立著15張五公尺高寫有象雄文字的黑色木牌。聽說這次法會的功德主是一對中年藏族夫婦。

　　上午9:00法王坐著買菜的工具車來到密宗院主持普明法會。學僧們身披藍色袈裟，有的頭戴蓮花帽，有的頭戴白色大鵬展翅花帽，手持各種法器，各個臉上充滿笑容。

　　大鵬展翅花帽的意義深遠，雍仲本教大成就者占巴南卡在《琴弦六音》中對此帽寫道：白羊氊帽代表本性清淨，外面的白布代表法界自然孕育、道解脫和覺悟。外兩層布象徵輪回涅槃無別，我他共同圓滿。帽尖象徵威懾敵魔──我執。兩側豎起的三角尖，象徵對輪回生起出離心和佛法昌盛。帽頂的空洞，象徵大乘明瞭空性，輪回與涅槃自然圓滿。頂部如意尖象徵法、報、化三身無別，遠離輪回，修行成熟解脫。帽子後面上翹，代表對雍仲本教生起信心。左右大鵬翅裝飾，象徵勝出三界。外紅布包裹象徵空行母、明王雲聚，五大任運，本教佛法不滅。用麵粉做漿糊黏貼，代表真實覺悟，法、報、化三身和本性無分別，同時

代表基、道、果。

　　法王帶領學僧們在密宗院的二層經堂內念誦經文和各種真言咒語，領經師洪亮特有的誦經聲和長莽號、嗩吶的吹奏聲及大鼓的咚咚聲，通過麥克風響徹整個山谷，感覺特有的召喚力和威懾力，震憾著天和地！誦經約一個小時後，學僧們舉著寫有象雄文字的木牌，跟隨法樂儀仗隊來到院落中。法王坐在一張舊木椅上，帶領學僧們誦經、灑米、灑甘露、傳遞頂禮經文木牌……。

法王坐在一把舊木椅上，主持普明法會（2010年攝）

學僧用頭或手觸摸寫有本尊咒語的木牌，以示得到本尊的加持（2010年攝）

法王將大米撒在寫有本尊真言的木牌上，以示供養佛、本尊、護法、空行母（2010年攝）

法王親手點燃披掛絲綢的經板（2010年攝）

火供法會（2010年攝）

　　法會延續了兩個多小時，最後法王親手點燃火炬，熊熊火焰、滾滾濃煙，帶著信眾美好的願望，把供品送至佛國。

　　曼日寺是一座藏族歷史、文化、藝術的博物館，它的魅力不僅僅涉及到宗教，還涵蓋了民風、民俗、天文、曆算、藏醫、哲學、美術、舞蹈、音樂等，處處體現出藏族文化的精髓。

　　我喜歡站在密宗院的頂端，遙望旭日下的寺廟風光，從大經堂、護法殿金頂上反射出的金色光芒，彰顯出特有的神祕力量，四周疊疊青山如層層蓮花，山谷中漂浮著如絲綢般柔軟的白雲，縷縷白雲又輕柔地撫摸著山崖旁背書學僧的臂膀。遠處樹叢中，藍、白、紅色的民舍，開著黃花的油菜田，啃著嫩草的老黃牛，喳喳叫的鳥兒，寺廟中傳出的陣陣辯經聲，福利院孩子稚嫩的誦經聲，山下學校做體操的音樂聲，這些如童話般美麗，常讓我如癡如醉。

建圖書館

曼日寺圖書館（2010年攝）

圖書館藏有諸多古老的藏文書籍（2013年攝）

　　法王為了學僧掌握更多的知識，為藏學研究者提供豐富的文字資
料。2008年4月修建了一座圖書館。來自青海文嘉寺30歲的赤丹確，
利用課餘時間管理圖書。丁那摩和其美才仁是居士，負責圖書館的各項
工作。

　　圖書館一樓是甘珠爾研究室、複印室、投影室。二樓是圖書室，
高大的書櫃中整齊地排放著雍仲本教祖師單巴辛繞教言和遺訓彙集的
《甘珠爾》，歷代高僧對祖師教言的論著，涉及歷史、地理、哲學、宗
教、醫學、文學、氣功、工巧、建築、音韻、繪畫、藝術和天文曆算等
內容的雍仲本教《丹珠爾》、《祖師單巴辛繞十二功德經文》，還有格
魯派、寧瑪派、薩迦派的《甘珠爾》、《丹珠爾》，藏傳佛教各教派藏
梵文雙語書，象雄經典《噶瑪巴傳》，西藏民俗中的各種神的經書，神

話故事、外道經文、釋迦牟尼佛的經文、阿彌陀佛經，印度皇室史籍、漢語古典文學、英文九乘典籍和英漢藏三種文字的論、釋等大量書籍。其中有很多是古老珍貴的藏書。

　　展室中間一張四方桌上，擺放著開本寬大的《大般若》經書，這是法王在 1960 年從國內親自背來的。

　　三層的展室書櫃中擺放著法王從各地寺廟蒐集來的古老經書，其中《永斷惡趣經》是孤本，十分珍貴。三個高大的玻璃櫃內懸掛著山神、龍神、本尊等諸神的供品。這些都是講修院學僧的作品。

　　展室中間十四個玻璃櫃內，展示著各種文物。其中一個櫃子內擺放著象雄時期祖師傳的象雄四因乘之一恰辛乘的用品，有珍貴的《象雄結通》、《斑斕算經》卦書，占卜用的象雄卦繩、西夏的胛骨和瑪桑的石子等。一個櫃子內擺放著四因乘之二朗辛乘的用品，有平鈴、頭蓋骨和超度靈魂時用的髖骨號等。另一個櫃子內是祖師單巴辛繞給兒子傑布赤諧傳授的《醫術十萬頌花經》、《藥物十萬頌・黑白經》，及製作藏藥的工具、手術刀和刺血針等各種器具。

1960年法王從國內背來的雍仲本教《大般若》經書

還有一個櫃子內擺放著雍仲本教比丘的法帽、僧衣、坐單、袈裟、蓮花袋、剃頭刀、縫衣針、念珠、缽碗、錫杖、骨號、平鈴、手鼓等用品。雍仲本教崇尚藍色，蓮花法帽外形象徵祖師出世時盛開的青蓮花，代表持戒，只有接受過250條戒律的僧人才能佩戴。雍仲本教的僧衣也有很嚴格的規定，處處標記著戒律。如上衣、袖窟下要有25個皺紋，代表25條戒律，衣長為自己六個手掌的長度，顏色必須用藍色和紫紅色面料組成……這些都是祖師留下的遺訓。

　　頂樓是禪修室，也是冬季僧人們修紮隆法的密室。

單巴辛繞祖師傳授四因乘之一的恰辛乘用品（2010年攝）

雍仲本教律宗法衣有蓮花帽、上衣、裙、內裙、披單、蓮花鞋六件，其顏色有藍、紅、黃三色，藍色是雍仲本教的象徵（2010年攝）

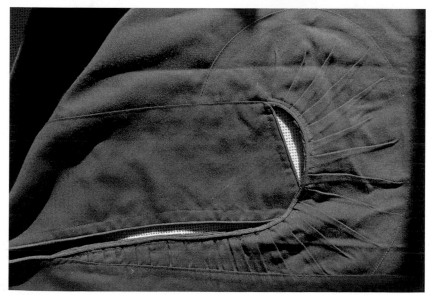

僧衣袖窟下做有25個皺紋，代表25條戒律（2010年攝）

本教基金來於信眾，用於社會

曼日寺雍仲本教基金會辦公室外景（2010年攝）

曼日寺的伙食簡單，每餐都會吃馬鈴薯（2013年攝）

法王為了讓更多的人，通過雍仲本教佛法從現世的煩惱中和未來無休止的輪迴中解脫出來，幾十年以來，他帶領得力的法子走向亞洲、歐洲、美洲，傳授雍仲本教佛法。法王從不伸手向信眾化緣，他將信眾主動、自願供養的資金匯集到本教基金會統籌安排，用於寺廟建設和講修院、尼姑寺、福利院、醫院、招待所的全部支出和社會救助。基金會設在寺廟外院的辦公樓裡共有二十個房間，分別是秘書長、副秘書長、財務等工作人員的辦公室。無論資金用於寺廟還是用於社會救助，每筆支出都由各主管部門及會計寫申請，經過法王和基金會秘書長、會長等人商討批准才能動用，大家從不亂花一分錢。

曼日寺設有講修學院和寺廟兩個財務部門，分別核算，資金來源於寺廟舉辦各種法會信徒的供養，主要用於寺廟的日常支出，如水電、燈油、香、供品、寺廟人員伙食費等支出。講修院的伙食費、水電費和尼姑寺的全部費用由基金會支出。承擔教學的二十多位格西都沒有工資。學僧的生活零用錢，來自法會上施主的供養，一年大約有3000～4000盧比（折合人民幣300～400元，約新台幣1300～1800元）。寺廟食堂和講修院食堂每天提供三餐全素食，早餐是麵餅和酥油茶，中餐是燴雜菜、豆湯和米飯，晚餐是馬鈴薯和米飯。因蔬菜價格較貴，基本每餐都吃馬鈴薯。

學僧住房是兩、三個人一間，自願合住，每三年因格西畢業回國或
去別的寺廟，學僧住房也因此更換一次，這也是法王培養僧人不要執
著、學會接受、體驗無常。

每三年僧人們調整一次住房（丹巴旺傑提供）

心懷大愛，
創建福利院

曼日寺福利院（2010年攝）

福利院的孩子早課在背誦經文（2010年攝）

　　在建設寺廟的同時，法王看到有很多尼泊爾、藏族的孤兒和單親家庭的孩子生活上沒依靠，教育上沒人管，十分擔心孩子們學壞了。1975年成立了福利院，他做了孩子們的爸爸。

　　登上寺廟的台階，透過綠色塗料的圍牆可以看到寬闊的操場、宿舍和教室樓。福利院有 300 多位男生，多數是尼泊爾人，少數是藏族，女生則在尼姑庵裡住宿和學習。2010年冬季的一個週日，學僧久美洛智帶我參觀福利院。十幾個孩子在操場上打籃球。孩子看見我們立即停下奔跑的腳步，恭敬地對我們雙手合十說：「札西德勒！」孩子們非常有禮貌，我倆也笑著回敬他們：「札西德勒！」

　　福利院負責人39歲的格西雍仲南達，正在辦公室寫下個月的生活費用計畫。他出生在印度，父母回家鄉阿里了，他在福利院長大，後在曼日寺講修院獲得格西學位。已在福利院工作八年。

　　當我問他：「你是格西，可以去講修院當老師或回家鄉寺廟做堪布，為什麼選擇福利院工作？」他告訴我：「法王對我說：『你從福利院長大，熟悉福利院的生活、學習各方面的事務，你最適合管理福利院。』如此我就負起福利院的全部工作。早晨 6:00 叫孩子們起床、朗

福利院配備專門的廚師。吃得衛生，營養均衡（2010年攝）

讀早課、看孩子吃早餐、檢查室內外衛生、採購蔬菜、安排配餐等。孩子們白天到學校上課，下午回來背經書，晚上複習文化課。

「福利院有特定的廚師給孩子們做飯，有專職人員給孩子洗被單、床罩等大件物品，小件衣物是大孩子幫助小孩子清洗，這樣可以培養孩子團結友愛、熱愛勞動的美德。

「法王不分民族國度，對這些孩子除了在生活上給予照顧以外，更注重道德品行的培養，培養他們獨立生活能力、自尊自愛、團結有愛、樂觀向上的精神。法王經常對我們工作人員說：『這些孩子有的沒有父母，有的沒有家庭，要讓孩子健康成長，要把他們培養成自食其力有技能的人，有什麼困難咱們大家一起想辦法解決。現在社會發展快，沒有文化不行，盡一切努力讓他們學習，雖然高中、大學的費用很高，但也要想辦法供給他們，一直把他們培養到工作。』

法王非常關心孩子們的營養健康，每天的飯菜與辯經院一樣，還配有水果、優酪乳。所有吃住用的費用都是法王找來的。

「每逢節假日，法王都過來和孩子一起過節，看孩子表演節目，鼓勵孩子：『好好學習，用自己的雙手創造幸福，同時要講文明、懂禮

每天清晨，福利院的孩子接受法王給予的甘露水（2010年攝）

福利院的孩子平時穿便衣，參加法會時都穿僧衣（2010年攝）

貌、遵紀守法，這樣才能平安快樂，長大了才能弘揚本教文化。爲本教做貢獻。」聽著格西的講述，望著窗外那些活潑可愛的孩子，眞爲他們感到幸運。

「法王非常喜歡中國天倫之樂的家庭生活方式，有一次我去福利院見法王正在操場上看孩子們打球，法王對我說：『外國人18歲離開父母獨立生活，這樣得不到父母的教育慢慢會成爲壞人。雖然在學校可以學到文化知識，但父母給予孩子的是品德教育，是在學校裡學不到的，還是中國人的家庭觀念傳統好。要讓福利院的孩子從小得到德、智、體全面教育，要教導他們懂得服務社會。福利院建立的目的是培養講修院的種子，小孩子有慈悲心，不殺生，五毒少，10歲以後慢慢增長五毒，五毒如我們的雙眼和四肢，五毒和慈悲一起走，佛告訴我們怎樣把五毒和慈悲分開。現在瓦拉納西佛學院裡設有雍仲本教大學班，每年學院給雍仲本教七個名額，可以從入學一直拿到碩士學位，只要孩子們想去學習，我就支持他們！』

「看著法王堅定的眼神，聽著法王發自肺腑的語言，我感受到法王博大的愛心。」

關愛生命，建立醫院

幾位小病人一邊吃水煮蛋一邊看電視，他們有的感冒了，有的腸胃不舒服，在這乾淨的病房裡休息兩、三天就康復出院啦！（2010年攝）

20歲的學僧巴登也是醫生,他用課間休息時間在醫院裡接診,內科、外科、眼科、耳鼻喉科的病他全管(2010年攝)

　　為了方便學僧和附近居民看病,法王在寺廟外院修建了一座三層樓的醫院。一層是接診室、消毒間和藥房,二層三層是住院處。50歲的主治醫生白久在 8 歲時拜法王為師,落髮為僧;16歲還俗,在台灣學習三年醫學後回到這裡做醫生。無論是給僧人、福利院的孩子和村民看病,藥品、住院全是免費,一切費用都是本教基金會提供。

　　當我問白久工資報酬時,他笑著說:是法王安排自己在醫院為病人服務,自己感到非常自豪,沒有工資報酬也非常心安和快樂,自己雖然還俗了,但到底是曼日寺培養出的僧人,能幫助法王做一些力所能及的事,非常高興。

各個角落都有
法王的腳印

法王在察看安裝地下水管（2010年攝）

法王經常一個人在寺廟內各處走，看學僧辯經、看廚房做飯、看施工現場，也會走進僧人宿舍，隨時指出存在的問題。學僧們都說：「一塊磚一塊石法王都關心，格西、堪布、管家誰也分擔不了他的事，不像別的教派法王，只有在高高的法臺上才能看到。」

法王在檢查學僧製作的經板（2014年格勒尼瑪提供）

法王在察看工人製作寺廟建築用品（2014年攝）

法王在密宗院察看裝修（2010年攝）

法王帶領新剃度出家的蒙古小僧人邊誦經邊轉經堂（2010年攝）

法王指導福利院的學生跳金剛舞
（2014年格勒尼瑪攝）

法王在給學僧們教授金剛舞的
標準跳法（丹巴旺傑提供）

法王在圖書館（2014年攝）

法王指導法樂隊演奏（2015年攝）

法王和學僧的感情超過父子，在法王生日時，學僧送上生日蛋糕和自己手工做的精美的禮品（丹巴旺傑提供）

　　印度夏季氣溫經常超過攝氏50度，冬季濕冷經常下雨，不論是什麼季節，法王幾乎天天到辯經場看學僧辯經，並親自指導。一次清晨，天下著小雨，法王又來到辯經場看辯經。因地上濕滑，法王突然摔倒在地，學僧們嚇壞了，驚呆地站在原地。因正在上課，沒有鐵棒喇嘛的命令，誰也不能擅自離開原地。法王站起身，看看學員，向學員們擺擺手，意思說：我沒事，你們繼續上課，便一瘸一拐自己走回房間。

　　學僧們不敢違背法王的意願，只能繼續辯經，等鐵棒喇嘛吹響下課的哨子，全部學僧跑向法王的住所。法王笑著說：「我沒事的，年紀老了，腿腳不靈活是正常的，你們不用擔心。」大家望著談笑風生的法王，焦急地一定要看看法王的腿。法王無奈只能撩起僧裙，見法王的膝蓋上有一個二、三寸長的傷口，還正在往外流著血水，大家心疼的都哭了。法王說：「我沒事的，一點兒也不疼，你們不要擔心。」法王與僧人之間不僅是師徒關係，更像父子。

　　法王性情溫和，很少發脾氣。一次一位來自國內的女弟子在僧人宿舍聊天，天黑了也沒察覺。說得正高興，法王突然出現在這位學僧門口，瞪著眼睛嚴厲地說：「天黑了，女人一定要離開寺廟，這是寺廟的

《本門》雜誌辦公室（2010年攝）

規定，你為什麼還在寺廟，馬上出去！」女弟子嚇得眼淚「唰」地掉下來，立即起身，快速跑出寺廟。

還有一個傍晚，一對來寺廟朝拜的母女在圖書館看書忘記了時間，當路過辯經場時，正巧碰見法王，母女倆嚇呆了不知向前走還是退回去，法王知道她們不懂藏語，指指自己手腕上的手錶，又指指天上的星星月亮，示意她們：天色已黑，你們要離開寺廟了。

法王隨時關注雍仲本教的發展，經常上網看本教各個寺廟的法會活動和格西發表的學術論文。法王對《本門》雜誌一直給予關心和支持。

進入寺廟大門就會看到兩間小平房，這是《本門》雜誌辦公室，四張辦公桌、四台電腦，兩排書架擺滿了書籍，來自青海貴德瓊毛寺32歲的赤雍仲擔任主編，他一邊上課一邊編寫《本門》雜誌，還給講修院編寫文化課教材。《本門》雜誌的內容是介紹雍仲本教的歷史、西藏文化、佛法交流等等，在十幾個國家的圖書館、研究機構和本教寺廟流通。每年印刷出版 1000本，截至到2014年已經連續做了26年。法王經常到《本門》辦公室閱讀、檢查稿件，並指出：一定要增強學術性，為研究雍仲本教的學者提供有價值的學術資料。

【第七章】父愛如山亦如水

法王的衣食住行

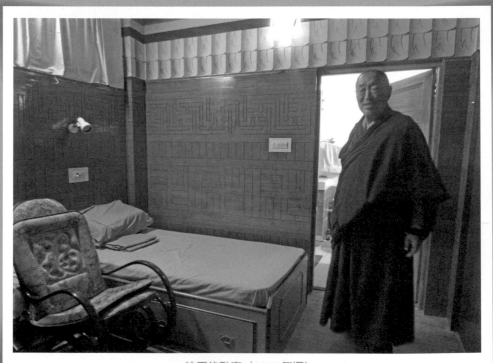

法王的臥室（2013年攝）

法王的書桌（2013年攝）

　　法王身上有山的威嚴、沉默和堅韌，有水的柔情、美麗和動人。法王多才多藝，他撰著了《本教曆算集》、《道情歌集》、《讚頌文集》、《文學集》、《修行常識集》等很多書籍。法王熱愛生活，把每個環境都打扮得充滿生機。在接待室的涼台上，法王種植了君子蘭、仙人掌、十里香、仙人鞭、玫瑰花、櫻花、蘭花、桂花等，每天清晨法王都會拿著噴壺澆水、剪枝。在小院內還種了聖誕樹、橡皮樹、塔松，每到鮮花綻放的季節，高大的聖誕樹上開滿火紅的花朵，把整個寺廟院落襯托得既肅靜又絢麗。

　　寺廟建築輝煌，設施齊全，而當我走進法王的日常生活時十分詫異，他的生活出奇的簡單。論吃，每天一碗豆漿、半碗優酪乳，幾口蔬菜，一碗菜湯、兩三片水果。論住，一間約四平方公尺的臥室，一張窄小低矮的舊木床，一張舊書桌，一把舊的快要散架的木椅。法王的接待室也只有一張木茶几，三張簡易木質沙發。不見任何絲毫的奢華。

　　我記得一位僧人說，法王每次出國住的都是價格便宜的普通酒店。一次法王在新德里搭飛機去俄羅斯，那天新德里氣溫攝氏55度，侍者

法王常坐這輛拉泔水的車，去密宗院主持法會、到對面山上給尼姑庵傳法、給村中百姓念經（2010年攝）

爲了法王夜間能休息好，就找了靠近機場的一間有冷氣的酒店，法王聽說兩間房費20000盧比（折合人民幣2000元，約台幣9062元），非常生氣，問侍者：「爲什麼住這麼貴的房子，浪費錢，我要去住300盧比旅店。（折合人民幣30元，約台幣136元）」侍者嚇得臉發白，他從沒有看到法王如此生氣，不知該怎麼解釋。最後，因已辦理入住手續，酒店不給退房，法王無奈只能住下。

論行，法王乘坐拉泔水（泔水即爲餿水）的破舊麵包車，或買菜工具車去密宗院開法會，到對面山上給尼姑庵傳法，到村中給百姓念經。

一位外國弟子供養法王一輛轎車，法王把車鑰匙交給管家並叮囑：這輛車誰都可以用。曾聽一位僧人給我講述了個故事：一個出家人還俗後，在寺廟山下修建了一間小房，他死後將房子捐給寺廟，很多來寺廟求法的信眾在此居住。法王建議把房間分割成兩間，再開一個西門，方便喜歡獨住的人。一天，法王帶他去看那間房子。他知道那個地方有一個垃圾堆，味道很臭，雜草蚊蠅特別多，建議法王不要去。法王說：「蚊蟲多怕什麼，我沒有那麼嬌氣，從小吃的苦比起這個不算什麼。」結果法王的胳膊和腿上被蚊子叮咬了很多包，回來時搭乘牛奶場送泔水

的車，裡面味道酸臭，飛舞著蒼蠅。法王很平靜地坐在車上，隨行僧人不得不坐。那輛車幾次發動不起來，好容易能開動了，到了寺廟門口車子煞車失靈，停不下，法王笑得非常開心。

論衣著，法王出家70多年，除了在英國大學教學期間校方要求在教室講課必須穿西裝以外，其餘時間就是兩套洗得發白的普通僧衣，一雙布鞋，一串最普通的木質念珠。國內有的活佛看到其他教派的法王都穿繡著龍鳳圖案的綢緞大氅拍了很多標準像，而本教法王只有唯一一張穿著普通僧衣的

法王身穿曼日寺成就者曾穿過的法衣給學僧們傳法（丹巴旺傑提供）

法王身披的法衣是100年前曼日寺一位高僧穿過的，後送給雍仲林寺堪布，雍仲林寺堪布穿過後又轉送給法王（赤雍仲攝）

照片，就讓我請求法王也穿那麼一件漂亮的絲綢衣服拍照。法王聽了我的這句話笑出聲來，說：「僧衣是出家人的衣服，這是戒律，這也是良美大師告誡我們的。我不喜歡穿那樣華麗的衣服，穿上不舒服。我是以良美大師的戒律來履行自己的一切，這些年，我不吃葷不沾酒，早上吃少，中午吃飽，下午喝菜湯。我是出家人，出家人要一切都簡單，能用能住就行。現在社會上一些年輕出家人用化妝品，這是戒律不允許的，我沒有這些習氣。」

聽了法王這些話，使我想起法王的侄子揚奧金塔曾說過：1977年國家給了他護照來印度探望法王，法王住一間石頭壘的小房，裡面只能放一張小木板床，小客廳能坐三、五個人。那年冬天天氣很冷，法王因持戒不穿皮鞋，穿的是膠鞋，鞋裡面有薄薄的一層人造毛，他的腳凍得又紅又腫。法王在沒有外人在場時，脫掉鞋盤起腿，把腳壓在腿下暖一

無論是困難時期還是富足時期，法王的生活一直很簡樸（赤雍仲提供）

暖。揚奧金塔給他一雙氈靴子，靴子很硬，大大的圓頭往上翹，就像馬戲團小丑穿的那種鞋。法王穿著擠腳十分不舒服，他就請一位高個子大腳丫的僧人穿幾天，把鞋撐大了他才能穿上。一個外國人看到，睜大眼睛驚訝地問：「這是什麼鞋？長成這個怪樣子。」法王在任何情況下都嚴守戒律，寒冷的冬天，法王只有一身僧衣。他經常雙手抱肩，用袈裟裹住胳膊保護體溫，袈裟被拉來拽去，拉出很多破洞，真是捉襟見肘，連手都蓋不住了。即使天寒地凍，他也絕不穿長褲防寒。

如父親般費心勞力

法王每天清晨製作甘露水（2013年攝）

早餐後，法王給學僧聖水沐浴（2010年攝）

　　法王是一位樂觀、幽默、風趣、快樂的人，身患高血壓、低血糖，但從不注重自己身體的保養，可他對僧眾的關愛達到無微不至。

　　法王每天早上6:30準時對著一大桶乾淨的水和黃銅寶瓶念誦《南巴炯》、《百字明》、《度智思》等消業增智、健康長壽的經咒，製作甘露水，幫助僧眾除災增智，學僧稱「聖水沐浴」。幾十年下來，只要法王在寺廟，每天都可以享受到這樣的聖水沐浴。有時法王身體不舒服，但也沒有間斷過。我在寺廟的每個早上，都會準時進入寺廟，接受法王給予的聖水沐浴。

　　法王不光注重學僧的戒律和學習，同時從生活細節上培養僧人平等、謙和、自立和勤儉的美德。

　　法王對來學習的僧人，無論是轉世活佛還是普通僧人，都一律從掃地、洗衣、和麵、炒菜、端茶等最基礎的生活技能學起，按照班級輪流在食堂做飯、做環境衛生。法王經常對學僧說：「你們都是我的孩子，我是你們的父親，也是你們的母親，你們點點滴滴都要學會自己動手，無論在佛法方面、生活方面，都不能依靠別人。你們看孔雀的尾巴，是一層一層疊加起來的，無論是開屏還是關閉時，都非常漂亮！曼日寺的僧人也要從基礎做起，你們將來回到家鄉什麼都會做，慢慢會成

為管理寺廟的堪布。」法王對活佛們說：「你們從小在寶座上長大，衣來張手，飯來張口，什麼也不會做，藏族人把你們慣壞了。在這裡，你們要學會平等，自己動手洗衣、做飯、縫衣服、打掃廁所、幹粗重的體力活、去做供養，要體悟自己付出的感受。經歷了這些，以後回到寺廟建立佛學院，一切困難就不是難題了。」法王經常叮囑學員，外出時要有禮貌，不要看不起窮人，問路或買東西時首先要面帶微笑，講話要和藹，不能說粗話，行動不可魯莽。

　　講修院在每次中考、大考結束後休假三天，學員可以到索蘭鎮買生活用品或到附近山上散步。有一次考試結束後，幾個學僧去寺廟後面的山中湖邊玩耍，突然雷電交加下起暴雨。法王在寺廟知道了此事，心急如焚，立即派兩個僧人把他們叫回來。法王見到幾個全身淋得像落湯雞一樣的僧人，非常氣憤：「你們遠離家鄉來到這裡，你們的父母每天都惦記著你們，我對你們的父母有過保證，保證你們平安、健康。你們掉到水裡怎麼辦？你們被雷擊怎麼辦？我怎麼向你們的父母交代？我現在是你們的爸爸，你們要好好學習，要聽話……」法王看著眼前濕漉漉的僧人嚇得臉色發白，有的凍得手腳顫抖，他又非常心疼，揮揮手說：「快去換衣服，喝碗薑糖水，小心感冒。記住我的話，下次再不要做這樣危險的事。」

　　曼日寺的學僧各個身體健康、精力充沛、自理生活能力非常強。他們的宿舍窗明瓦淨，被子床單洗得乾乾淨淨，疊得整整齊齊。自己縫被子、縫衣服、修理家具和電器。每人都是美食家，不論是炒菜、包餃子、烙餅、製作優酪乳，做得又快又好吃。還會把吃剩的糌粑捏成「蘭夾」，扔到草叢中餵給狗、鳥、雞、蟲吃，給這些生靈種下佛種子，在往生中聞到佛法，最終解脫。

蟲、鳥、雞、狗吃到學僧念過經的這種食品，會在往生中聞到佛法，最終解脫（2013年攝）

學僧各個心靈手巧，生活自理能力非常強（2013年攝）

你不能賣掉住宅

法國籍學僧雍仲旦真（2010 年攝）

曼日寺中有一位藍眼睛的外國僧人，法號雍仲旦真，俗名多梅力克，原是法國巴黎某工廠的一名工程師。1999 年 10 月 12 日在法王面前剃度出家，他一邊在講修院學習，一邊給法王做文秘。2010 年 11 月的一天，我們約好在招待所茶餐廳見面，聽他講述法王的故事。

　　「法王是一位很簡單的人，非常友好，平易近人，他的門永遠是敞開的，無論是有錢有權的人還是身無分文的窮人，無論什麼種族的人，任何時候見他都可以，你不用事前請示，他隨時可以接見你。他是寺廟中最忙碌的人，不停地接待朝聖的人們。他常說，自己想法簡單，對方就簡單。他沒有障礙，他對自己成爲名人不感興趣，也沒有興致爲自己謀利益。他什麼都沒有，信眾贈送給他的任何物品都交給寺管會處理。他從不向信眾宣講捐款，你給錢了，他也不說甜言蜜語。招待所的收費是非常低的，法王希望收入低的人也能走進寺廟聽聞佛法。如有人想做個法事活動，請全體僧人念經，400 盧比就可以（折合人民幣 40 元，約台幣 181 元），或困難沒有錢也行，但其他教派卻要收上萬元盧比。他是一位素食主義者，每次食量很小，不吃晚餐，他常說：「素食可以幫助開啓智慧，更好地修行。」法王學過醫學，因沒有時間自己製作藏藥，在美國偶爾看到精油可以治療身體疾患，一位弟子送給他一些精油，回寺廟看到誰生病了，就拿出精油給病人治療。

　　「法王的知識非常豐富，做事理念非常深遠。我在巴黎有兩套公寓出租，每年用租金買機票回巴黎看望父母，剩餘的錢捐給尼姑寺。我看到寺廟發展需要資金，就想賣掉房子把錢交給寺廟。法王得知了這件事對我說：『寺廟雖然要發展，但你不能賣掉房子，要留下來，將來自己做生活用。你是個很好的僧人，無論走到哪裡都是出家人。』我聽到此話，心中感動，法王考慮的是弟子的長久生活保障，真正爲弟子著想，世上這樣的上師太少了！……」雍仲旦真說著眼中閃出淚花，他陷入深深的回憶中……他稍微穩定了一下情緒接著說：「法王的一言一行都是自己的榜樣，自己生活也越來越簡單，我感到非常幸福。」

　　聽著雍仲旦真發自內心的語言，再次燃起我對法王的敬佩。

接過上師手中的燈

法王的上師桑吉旦真仁波切生前居住的房子（2013年攝）

桑吉旦真仁波切親手製作的轉經筒（2013年攝）

　　大經堂旁的樹林中安放著五座白塔。白塔的底座上分別用藏文刻著：雍仲林寺第十代堪布西繞旦貝堅贊；第三十二代曼日堪布喜饒洛珠；瓊剋雍仲丹貝堅贊；八倉寺根讓馬莫嘉；孜珠寺尊珠堅莫參。這些上師都是為曼日寺發展、為弘揚雍仲本教做出了重大貢獻的尊者。每逢紀念日，學僧都會在白塔前擺上鮮花追念。

　　聽說法王的上師桑吉旦真仁波切生前住在寺廟山下，如今還保留著他的住房。一天下午，我請格西單真根恰帶我去參觀。

　　在遠離喧囂的綠色屏障中，可以看見一座兩層樓的土坯房，顯示出主人的清靜。這就是桑吉旦真仁波切生前居住過的房子。這是一間被學僧粉刷一新的普通土房，進門處見一個約三公尺多高直徑一公尺多粗的大轉經筒，轉經筒頂部的鐵軸穿在房梁上，轉經筒下端的鐵軸埋在地面下。一條寬大的舊皮帶一端拴在軸上，另一端套著一個長條木柄，木柄的下端連接著一塊木板，木板上擺放著十幾個好像是計數用的貝殼。歲月使畫在轉經桶上的佛像已模糊不清。這個轉經筒是桑吉旦真仁波切自己動手製作的，那時寺廟沒有教室，上師就在這裡給學生講課、傳法。

法座上安放著桑吉旦真仁波切遺像（2013年攝）

　　登上木梯，二層十幾平方公尺，供桌上擺放著上師桑吉旦真仁波切的照片，看上去老人很慈祥，深邃的眼神中帶著微笑。左側佛櫃裡擺放著他看過的經書，還有他從西藏帶來的占巴南卡銅像和他使用過供佛的燈碗及供水的杯子。格西單真根恰點燃一盞酥油燈，瞬間屋內明亮起來，平靜溫和的氣息中，好像上師就在身旁。

　　我雙手將準備好的哈達，恭敬地放在上師遺像前，祈禱上師給我加持。上師桑吉旦真的靈塔安放在房後的草叢中，每到紀念日，僧人都會在此懸掛風馬旗、點酥油燈，盼望上師早日乘願再來。這時我想起法王曾說過：雍仲本教經典中記載，學佛的人首先尋找一位修行得證者當上師，修行得證的上師就是佛，他可以帶領你走出迷障、成就佛果。還要時時緬懷歷代上師的恩德，激勵自己不斷精進。

　　聽說曼日寺有很多珍貴的寶物，法王為了鼓勵僧人精進修行，有時會取出寶物展示給僧人看。於是，我就向法王申請，是否可以親眼目睹良美大師曾戴過的法帽和象雄王印，給我這個愚癡的弟子一些加持，

桑吉旦真仁波切的靈塔（2013年攝）

沒想到法王慈悲地答應了。一天早上，在法王接待室內，法王的侍者小心翼翼地打開一個紅色布包，一頂藍色法帽呈現在我眼前，帽頂有些發白，似乎還留有汗跡，象徵五方佛的蓮花瓣裝飾和兩條飄帶由原來的黃色變成褐色。法王對我說：「這就是良美大師戴過的法帽，你會得到良美大師的加持。」

我非常激動，雙眼盯著法帽，心臟砰砰砰快速跳著，空氣好像凝固了。突然腦海中呈現出良美大師在西藏溫卡薩辯經，在西藏曼日寺講法的畫面……我連忙拿出相機，

良美大師戴過的法帽（2013年攝）

屏住呼吸，記錄下世界上這獨一無二的第二佛陀的聖物。

象雄王的印璽。上面篆刻的象雄文內容是「統禦三界世間帝王」（2013年攝）

侍者又將一枚七公分見方的鐵質印章放在我面前桌子上，法王告訴我，這是象雄最後的國王裡彌嘉用過的大印，上面的象雄文字寫著：統禦三界世間帝王，至今有1400多年。這枚印章質地密實，拿到手中沉甸甸的，篆刻的文字圓潤且豐滿，雖然風風雨雨走過了千年，但印章依舊閃爍著王權的威風。法王看我興趣未盡，對我說：「還有每代曼日堪布用過的金剛杵、平鈴、海螺號，雍仲旺嘉用過的供神用的勺，桑吉且真仁波切的頭蓋骨、舍利和衣服，瓊吉仁波切的舍利，占巴南卡銅像，大成就者協西吉巴用手握變形的石頭，索南羅珠的頭髮，丹增吉哇頓巴的肉和古老的單巴辛繞佛像。等下次你來時再看吧。你和曼日寺有緣分。」

聽著法王的陳述，看著這些聖物，我心中生起對無數上師的感激，他們的修為幫助後人增添了對佛法的認知，是出家人的楷模！成為對後人精進修行的動力！

心繫群萌

法王主動和村民聊家常（2010年攝）

幫助信眾點燈祈福（2010年攝）

　　法王是曼日寺中最忙碌的人，不僅關注學僧的成長，就連僧人遠在家鄉的家人生病、去世，都是法王念經、超度。2013年灌頂法會期間，學僧丹巴旺傑遠在四川的爺爺病危，法王連續幾天利用休息時間給丹巴旺傑的爺爺念長壽經文。灌頂法會結束的第二天，丹巴旺傑的爺爺去世了，法王為他念誦超度經並做了破瓦法，還安排全體僧人為老人誦經超度、點酥油燈。我聽丹巴旺傑說，四川家鄉寺廟也組織僧人為爺爺誦經超度。藏族人真幸福，活著時可以聽聞佛法，死亡後還有上師幫助超度。想起自己父親病重住在大醫院，醫治無效，剛剛咽氣，身體還是溫熱時，就被護士強行推進太平間，那時父親的心神是多麼無助和絕望呀。

　　法王對在家信眾同樣關愛有加，他每天從早上到傍晚接待信眾，給他們傳法，幫助他們化解遇到的困惑，即使是在灌頂法會期間，法王身體很疲倦的情況下，依舊從下午到傍晚不停地接待信眾。聽侍者說，法王給僧人和信眾答疑時，精神非常充沛、非常耐心；等到信眾離開後，法王就顯得十分疲勞，閉著眼睛坐在椅子上休息七、八分鐘站起身，又

等待向法王請教問題的女尼（2010年攝）

去忙其它的事務。

　　為方便來寺廟學習朝拜的信眾，法王在寺廟院外修建了一座六層樓的招待所，可以容納100多人，房間內配備了床、被子、毛毯、衣櫃、書桌、熱水等用品。招待所餐廳每日三餐供應米飯、麵餅、雞蛋、炒菜、豆湯。上午和下午還供應奶茶和甜點。每天吃住費用4美元，近年印度水電費上漲，現在每天收費14美元。這裡比任何一間寺廟的住宿收費都便宜。法王說招待所是方便信眾的，這裡不是旅遊景點，不拿它賺錢。法王也時常到招待所看看飯菜做得怎麼樣，衛生如何？

　　2010年冬季我住在招待所，一個清晨，我剛邁出招待所大門，看見法王帶一位侍者走在土路上。我連忙上前向法王問安，問法王去

法王無論做什麼事，都看的很遠（2010年攝）

曼日寺招待所（2010年攝）

哪裡？法王用手指指密宗院旁山上的小房子說：「這幾天有一位來自俄羅斯的小夥子在閉關修法，他要閉關 49 天，我每週去指導他一次，告訴他在修法中會遇到的一些現象和要掌握的方法。」法王邊說邊登上山路，我站在山腰上看著法王走進關房的瞬間，法王身上的紫色袈裟被旭日映出一片紫光。他那寬大的肩膀，擁有不怒自威的威懾力和偉大的父愛。我的心一熱，眼淚流下來。這就是雍仲本教的法王，親自上門給一位普通的信眾指導教法！其它教派哪位法王能做到？

曼日寺山下村中住著十幾戶藏族，都是雍仲本教的忠實信眾，法王經常出錢幫助身邊無子女的家庭修房子，添置家具和生活用品。當有的人生病了，法王還會親自帶領僧人到家中給病人誦經，有的老人去世

了，法王親自到家中給亡者超度，無論是烈日下還是風雨中，都是準時
到達，從不失約。

　　法王和周邊百姓的關係非常好，關心他們的喜怒哀樂。山頂村中住
著許多貧窮的吉普賽人和印度人，每逢年節或寺廟舉行大型法會，法王
都會拿出施主供養給自己的錢，分給每一位村民，還給他們發食品。

法王分送村中孩子們食品（雍仲祖譜攝）

法王給村民錢（雍仲祖譜攝）

到寺廟參觀朝拜的印度人、尼泊爾人。（2010年攝）

　　法王看到村中年輕人沒有工作，就安排他們在寺廟幹一些力所能及的事，給家中添補一些收入。寺廟有一個乳牛場，養了十幾頭信眾放生的乳牛，產奶供給寺廟用。法王請幾位尼泊爾人負責飼養，寺廟付給他們工資。法王也經常到乳牛場巡視，檢查衛生和牛吃的飼料，發現問題及時解決。

　　法王看到山頂巴雜村的村民每次下山，都要爬一個很陡的山坡，遇到雨天山坡經常塌方，還有老人被摔傷。2010年法王出錢給他們修了一條600多公尺長的水泥路，方便了村民出入。法王珍惜每一個緣分，把祝福隨時送給周邊的每一個人。幾十年以來，每逢藏曆新年，法王都會邀請村民、象雄人和印度地方官員觀看神舞表演，共度新年。

　　曼日寺四面都有村莊，村民對法王都十分敬重，對曼日寺的僧人都十分友好。印度是一個載歌載舞、熱情、文明的民族，每逢婚禮、農閒和各種節日，他們夜裡打開高音喇叭，敲鑼打鼓，唱歌跳舞直到清晨，用這種形式慶祝豐收和祈福。2010年冬季，我住在寺廟招待所，趕上一

幾十年以來，每逢藏曆年，法王都會邀請村民和印度地方官員觀看神舞表演（赤雍仲提供）

次村民慶祝梵天的聖誕，連續十五個夜晚，耳邊都是歌舞聲。僧人對此都是笑著接受。村中有人結婚時，會邀請法王和全體僧人參加婚禮，吃喜宴，有人蓋新房時也請法王和全體僧人到家中吃飯祝福，村民也自由自在地到寺廟中拜佛，看法會。

法王珍愛一切生命，幫助各種眾生扭轉命運。寺廟中不知從哪兒來了幾隻狗，在寺廟中安家落戶生兒育女，法王和僧人們每天都會餵養牠們。2010年多季一天清晨，我進入寺廟院落，見法王站在晾台上給花草剪枝，我上前向法王問安，

法王授索蘭縣城象雄人邀請，共慶象雄節日（丹巴旺傑提供）

參加灌頂法會的象雄人（2013年攝）

法王微笑著問我幾句話，我聽不懂藏語，只能笑著點頭。這時從涼台下綠叢中傳出小動物的叫聲，我用手撥開綠植想看看是什麼動物，因綠植茂盛什麼也沒看見。我學著貓「喵、喵」叫了兩聲，意思問法王：「是貓嗎？」法王笑著「汪汪、汪汪」叫兩聲，告訴我是狗，並用手撥開綠植讓我看，啊！兩隻還站不穩的小黑狗。法王口中念著經，把準備給僧人灑的甘露水倒在手中幾滴，輕輕淋在兩隻小狗身上。幾年過去了，現在這兩隻小狗已經成為寺廟勇猛的護法，每個晝夜都在寺廟院中職守！

僧人們善待遇到的每一個生命（雍仲王傑提供）

　　一個清晨，護法殿門前趴著一條白毛小狗，非常可愛，護法殿的丹巴旺傑趕快拿來餅乾餵它，從此小狗再也沒有離開過護法殿。一天夜裡，丹巴旺傑被激烈的狗叫聲吵醒，連忙起身跑出宿舍，看見狗拚命地向站在遠處的兩個印度人吼叫。那兩個印度人不敢向前又不甘心離開，他倆見到丹巴旺傑出來，灰溜溜地扭身走了。兩天後，這隻狗突然口流黃水，趴在地上。丹巴旺傑見狀非常著急，向鐵棒喇嘛請假帶狗去醫院，醫生確診是食物中毒，已無力挽回牠的生命。丹巴旺傑向法王彙報了此事，法王馬上給狗念超度經，超度它往生到極樂世界。

祖國最親

從小喜歡寫詩的格勒尼瑪（2010年攝）

法王用幾十年的時間和精力不停地培育佛種子，寺廟中所有的僧人格西畢業後，拿到中國大使館頒發的簽證，都會馬上回到自己的家鄉寺廟，爲那裡的信眾服務，而只有法王一人堅守在寺廟。當我問法王「您想念家鄉嗎？」法王興奮地說：

　　「我三次回國，看到國家發展得非常好，家鄉的柏油路修得非常漂亮，百姓的生活非常富足，蔬菜水果多種多樣，百姓每天都高高興興，家家都很幸福！祖國強大，我們在國外的人腰桿也直。我喜愛家鄉，熱愛我們的祖國。爲什麼喜愛呢？舊社會，家鄉很多人外出做生意，常有土匪強盜搶財務、殺人，出去做生意非常危險。現在社會治安好，道路修得也好，沒有任何危險，人人講和諧。政府歡迎我回去，瑪爾康縣政府還爲我舉行了歡迎宴會。現在人老了，有時也會思念家鄉。」

　　曼日寺的學僧，大多來自四川、青海、那曲等地，這些熱血青年都是懷著學佛、修行、與眾生一起成佛的理想來到曼日法王親自管理的高等學府，修學良美大師的傳承。當拿著國內合法的旅遊簽證離開父母，眞正在異國他鄉住下來時，思念親人對每個學僧都是一個煎熬。當我隨意問任何一個學僧「你想家嗎？」對方都會立即回答「當然想家。」

　　我聽說有個年紀不到20歲的僧人來到這裡後，因天氣炎熱，不習慣吃咖哩，沒幾天就生病了。一天寺廟裡來了兩位穿著他家鄉服飾的中年婦女，他立即上前搭話，果然是與他同一個縣的老鄉。他興致勃勃地帶這兩位香客參觀寺廟，之後又把她們送到距離寺廟兩公里的車站，直至看著她們上了車。他悶悶不樂回到寺廟，坐在山坡上哭了，哭得非常傷心，哭了很久很久，他太想念家鄉，太想念父母了。他的身體狀況越來越糟糕，每天胃疼很厲害，吃不下飯，睡不著覺，人一下子消瘦很多，吃了很多藥都不見好轉。他向法王說明原因，眞的很幸運，三個月後，他拿到中國大使館簽發的護照回到家鄉，身體再也沒有出現不適。

　　我在曼日寺參訪期間，得到法王和僧人的熱情款待。寺廟中只有幾位學僧會說簡單的漢語，他們都會主動上前詢問，有什麼需要幫助嗎？請不要客氣！有時他們也會請我到他們宿舍吃飯。幾位學僧一起動手炒菜、蒸米飯、做包子，如家人般眞摯、熱情。我慢慢體會到：雖然我不是藏族，但我是中國人，學僧一致認爲中國人就是家鄉來的親人。

　　喜愛寫詩歌的格勒尼瑪告訴我：「有一年夏天，我開著窗戶睡午覺，睡夢中突然聽見有人說中國話，我蹭地一下從床上跳起跑出門外，

看見果然兩個中國相貌的男人在參觀寺廟，我連忙上前問：『你們從哪裡來的？』『我們從台灣來。』啊！中國人！我太高興啦！那種興奮就好像見到我的家人一樣沒辦法形容！我帶他們參觀大經堂、圖書館、福利院，那天我說了很多漢話，比我平時一年說的還多，我太高興啦。」

格西老師來印度已20年，目前還沒有拿到護照。一次我問他：「你在印度這麼長時間，是不是想在印度長久住下去？」我的話音還沒落，格西老師認真地說：「我是中國人，我的家鄉在中國，這裡雖然比以前發展了，再好也比不上自己的國家好。」

來自四川黃龍林坡寺的雍仲祖譜是轉世活佛，他心靈手巧，有敏銳的觀察力，繪畫方面無師自通。2005年在西藏拉薩辛倉聽丹增南達仁波切講《崗龍將措》，這是他第一次接觸佛法，當下決定出家，媽媽說：「你要想好，出家就不能還俗，你要做個合格的僧人。」

現在網路給我們帶來無限的方便，每逢母親節、父親節，僧人們都會用微信給自己遠在家鄉的父母祝福，他們有的寫：媽媽，對不起！有的說：爸媽，祝福你們健康長壽！有的說：親愛的媽媽，你要挺住，等兒子學習畢業歸來！

這些熱血青年，為了追逐自己學佛成佛和救度眾生出輪迴的理想抱負，忍痛割愛，離開父母，當走在修行道路上，深深體會到父母的哺育之恩。他們感謝父母把自己撫養成人，感謝父母支持自己出家修行的選擇，同時又意識到自己不能在父母身邊盡孝，感到深深的內疚。

無師自通的小畫家雍仲祖譜（2013年攝）

【第八章】歲月的歌匯成河

在生活中體驗教法

法王說：在生活中體驗教法（2014年攝）

曼日寺學僧（丹巴旺傑提供）

　　看到法王來自平凡，以寬廣的氣度、長遠的目光，把曼日寺創建發
展得如此宏偉壯觀。又將行政、財務、人事等方面規畫出與時俱進的管
理模式，將一批批的僧人培育成愛國愛教、遵紀守法、充滿佛智的佛
子，為社會輸送了強大的正能量，成為雍仲本教的標桿式僧團。法王有
如此強大的智慧和力量，我猜想法王一定在他上師那裡得到特殊的密法
或咒語。就這個問題，我曾反覆三次問法王，每次法王都笑著說：「生
活創造了一切，在生活中體驗教法，單巴辛繞祖師講的法都是源於生活
實踐。」法王的這句話，我一直不解，法王的心路歷程，非他者知道。

　　一次我請教法王：現在經濟發展速度快，貧富兩極分化，人與人相
處緊張，攀比心成為年輕人的主流心態。由於生活壓力大，心裡疾患，
人格變態，患抑鬱症的人數快速增長，如何幫助這些人？我們應該如何
有智慧的度過這個物欲橫流的時代？法王說：「這是個好問題，這是自
然規律，一定會發生的，幫助和保護這些人，首先祈禱眾佛，為他人去
發心，而不只是去看這些狀況。要幫助那些迷失自信的年輕人，阻止他
們道德的滑坡，了知因果輪回，走出迷障，做守法的公民。

　　「居士首先要以發菩提心為準繩，為眾生發願，要相信因果，好有好

報，壞有壞報，第二要守四根本戒：殺，重要的不能殺人；盜，有人給你可以拿，不給就是盜；淫，保持自尊，尊重他人；妄，不要騙人。比如，自己沒有證得佛果，告訴別人說自己見到佛了，這就是騙人。

「雍仲本教徒相信前世和未來，知道自己怎樣把握今生，比如我小時候，父親有能力做生意，家中生活富有，父親經常幫助窮人，我從小喜歡和窮孩子一起玩，經常給他們食品，我是無意之中來到這裡，我沒有遇到什麼法難，也不是怕什麼才逃出來的。

「真修行者的敵人永遠是自己的貪執，所有的修行也都是在削減自己的貪執，而不是為了換來健康、財富、平安、美譽之類的東西。」

「怎樣開啓智慧？」

法王說：「首先要知道真正的皈依是心的皈依，皈依是心對某種精神生活的嚮往。假如不給袈裟和剃度設定一定的意義，袈裟不過是一種服裝，剃度也是另一種髮型。要行十善：一、布施；二、戒到彼岸波羅蜜多；三、忍辱到彼岸波羅蜜多；四、精進到彼岸波羅蜜多；五、禪定到彼岸波羅蜜多；六、力波羅蜜多；七、悲心到彼岸波羅蜜多；八、願波羅蜜多；九、方便到彼岸波羅蜜多；十、智慧到彼岸波羅蜜多。如布施時，要看對方是否需要，布施時的自然心是怎麼樣，要以無我的心態布施，不要想得到什麼回報。布施可以結出短暫或長遠兩種果實，短暫的可以得到健康、富饒、往生天人道，長遠的利益可以成佛。開啓智慧找到本性很難，沒有修行的人要找本性是找不到的，要在上師的指導下打坐觀心，慢慢就會知道什麼是本性了。」

我又問法王：「雍仲本教歷史上有很多大虹化者，這些是真的嗎？」

法王說：「實現虹化身的大師，是他們專一修行、在禪定狀態下，將所有心靈現象融入法性，諸法盡融自然形成的現象。這些是實實在在發生在他們身上的，我們誠信去修行就會實現。修行到一定境界，我們肉眼看到的高山也不是障礙，自己可以任意飛翔。這些用現代科技手段都無法驗證，所以在一般人中很難相信虹化現象，這也說明我們很難認識本性。你們接受了灌頂，每個人有不同的本尊，修行需要定力，早上晚上要頂禮、祈禱本尊，你們一定要知道大圓滿，心中不安時要堅持禮佛、祈禱，總有一天你們會見到佛，那時就自然明白虹化身了。」

甘爲孺子牛，
桃李滿天下

格西丹巴雍仲為尼泊爾赤丹諾布澤寺堪布（2011年攝）

從建立講修學院以來，法王培養出100多位格西，這是一條流動著的生命線，他們如蒲公英一樣飛向世界各地，在那裡生根開花結果，在自身修行的同時，把在曼日寺學到的法寶，傳授給他們的信眾。畢業的格西，成為社會和諧的力量，為雍仲本教發展上起到了舉足輕重的作用。

　　尼泊爾赤丹諾布則寺任堪布的丹巴雍仲，是1994年曼日寺第七屆格西。他出生在尼泊爾西部，12歲跟隨上師丹增南達仁波切出家，取得格西學位後，為方便在尼泊爾的本教信眾，跟隨上師丹增南達仁波切在尼泊爾建立寺廟。他學識淵博，講法透徹，管理寺廟有方，全部身心投入在修學和教學上，他是丹增南達仁波切的左膀右臂，是信眾特別愛戴的一位高僧。

　　我曾三次拜訪赤丹諾布則寺，還參加過一次丹增南達仁波切在法國舉辦象雄耳傳的禪修，每次見到丹巴雍仲堪布，他都十分忙碌，沒有一分鐘的休息時間。本來身體不強壯的他，因長期過度勞累，聲音常常嘶啞。

　　當我問他上師和法王是怎樣一個人時，丹巴雍仲堪布感慨地說：「法王和仁波切都是偉大的上師，是偉大的學者，偉大成就者，是非常偉大的人，是肉身的佛。即便沒有宗教信仰，都能感受到他們不同平常人的品質。他們這一生完成很多很多事業，我自己受益匪淺，我願意多承擔一些工作，把本教佛法發揚光大，讓更多的人掌握佛法，徹底脫離輪回。」

　　在灌頂法會期間，我見到第一屆畢業的格西旦真尼瑪，我問他現在怎麼修行？他說：「我21歲從尼泊爾多坡地區的本儸朗村來到曼日寺。法王教我們念經，傳授戒律、灌頂，告訴我們怎樣遵守戒律，怎樣做是一個合格的僧人；丹增南達仁波切講密宗、大圓滿；桑吉旦真仁波切教授『阿持』打坐。我在法王面前接受了25戒和250條戒律。1986年我們一起畢業有六位格西，我

曼日寺第一屆畢業的格西旦真尼瑪（2013年攝）

在尼泊爾多坡建立了本教寺廟，收養了七個孤兒，目前都已出家爲僧。我教他們念經、阿持、閉關。還建了一個70多人的福利院。我一生戒律清淨，非常珍惜這一生的福報，自己要像法王一樣培養合格的僧人，宣傳雍仲本教佛法，利益眾生。」我看著性格開朗、心地純淨的格西，堅信本教佛法一定昌盛。

曼日寺第一屆畢業格西丹增旺傑，現是全球知名的大圓滿禪修指導老師（丹巴旺傑提供）

1986年第一屆畢業的格西中，有一位名叫丹增旺傑，現是全球知名的大圓滿禪修指導老師。丹增旺傑出生在印度，父親是位佛教徒，母親信奉本教，父親去世後繼父是一位虔誠的本教徒。他10歲時，被父母送進印度曼日寺剃度爲僧。上師桑吉旦眞仁波切確認他爲本教著名學者、禪修大師迴堆活佛的轉世。他用十三年時間完成講修院規定的顯宗、密宗、大圓滿全部課程，以優異成績獲得格西學位。1989年應南卡諾布高僧的義大利大圓滿學院邀請，去了西方。1991年在里茲大學從事本教因明學和哲學方面的科研工作。1993年出版了《自然之心的奇觀》，後又出版《西藏的睡夢瑜伽》、《妙音禪》、《靜心禪》、《明心禪》等諸多著作和論文。他沒有宗派之分，把在曼日寺講修院、上師和諸多修行成就者處獲得的寶貴教法、訣竅，及自己實踐教法的經驗傳授給普通大眾，指導人們掌握禪修，挖掘自身潛能，快樂祥和地度過寶貴的人生。

一天，格勒尼瑪告訴我，寺廟來了一位研究象雄文化的格西，我立即跟隨格勒尼瑪來到本門雜誌社。

格西尼瑪俄色1976年出生在尼泊爾多坡的紮西南美巴村莊，父親是本教瑜伽士，他8歲在紮西南木林寺皈依，9歲來到曼日寺，法王安排他在學校學習，17歲進入寺廟講

格西尼瑪俄色（2013年攝）

修院學習，2008年取得格西學位。現於捷克攻讀博士，同時做導師教藏語，還擔任本門雜誌責編，學習之餘全部用於象雄文明的探索和研究，出版了《象雄歷史》、《象雄喇嘛故事》等書籍，並發表了上百篇論文。他熱情、詳細地給我講了象雄歷史和歷代傳承上師的故事，使我收穫頗大。當我問他在法王身邊學到什麼時，他眼睛一亮，停頓了片刻說，傳法、教言、灌頂、教學經驗。法王無論做什麼事都非常有計畫，並檢查計畫的執行情況。有一段時間自己在法王身邊當秘書，法王在80歲壽辰時，本門雜誌要寫一篇祝福法王的文章，法王允許他看了法王的日記。打開日記本，整齊秀美的文字清楚地記錄著幾十年每天發生的事和他的理想計畫。一共有很多本日記。法王做事持之以恆的精神，深深地影響著自己。

很多格西畢業後回到家鄉的寺廟，他們都是遵紀守法的模範僧人，受到社會各界的好評。1999年獲得格西學位的謝繞紮巴，回國後在四川阿壩郎依寺擔任三年堪布、三年講修院院長，在甘南佐海寺擔任三年堪布，2011年至今在四川昌都寺講修學院任院長。2014年我在昌都寺見到這位知識淵博、大家喜愛的院長，當我問他是否想念自己的母校印度曼日寺時，這位憨厚愛笑的院長眼神中透出無限的幸福，他說：「我那時家中貧困，在法王身邊的10年，一切吃住行的費用都是法王提供，法王為了把我們培養成真正的本教修行者和對社會有

昌都寺佛學院院長謝繞札巴
（2014年攝）

用的人，付出很大艱辛，法王是我靈魂的皈依處，法王的恩情比父母還深。每當想起這些，都是我努力工作的動力，我回報法王恩情的唯一辦法就是，把自己在曼日寺學習的課程和曼日傳統，應用在自己的教學中。我用了三年的時間走遍國內雍仲本教的寺廟和遺址，蒐集整理編寫出80萬字的《雍仲本教寺廟集》，為研究中華文化的學者提供真實的資料。我是出家修行人，為世界更和諧、國家更富強，我盡所能發揮自己的作用。」

潤物細無聲

法王與曼日寺堪布陳列尼瑪、赤丹諾布則寺堪布丹巴雍仲，一起討論佛學院的教學
（丹巴旺傑提供）

法王不是坐在高大龍床上的教主，而是一位多種角色的耕耘者。他心意剛強、有敏銳的洞察力和超越常規的思維，他的眼神永遠充滿犀利和睿智。在法王言傳身教下，曼日寺管會發揮著強而有力的作用。

　　堪布是寺廟的住持，相當於漢傳佛教寺廟的方丈，主持授戒、負責教學和寺廟管理。擔任堪布的人都是獲得格西學位並擁有優秀綜合能力的高僧。

　　曼日寺堪布陳列尼瑪，1962年出生在尼泊爾多坡，父親是瑜伽士，他13歲在父親的指導下閉關3年修密法，17歲來到曼日寺講修院學習，1989年取得格西學位。1993年在藏曆年正月初五，良美大師誕辰法會上，法王授予他為曼日寺的阿闍黎（親教師）稱號。之後，聽從法王的安排留在講修院做老師。30年除了給講修院、尼姑庵授課、傳法、受戒、考試之外，還要到法國、德國、捷克、俄羅斯等處給居士講課，出版了《象雄歷史》、《本教歷史》、《本教

曼日寺堪布陳列尼瑪（2013年攝）

顯、密、大圓滿的修行》等書籍和數十篇論文。象雄是西藏文明的根，他為給研究者探索西藏象雄古老文明，提供稀有珍貴的資料，從2001年開始編寫《象雄詞典》，雖然寫了十五個年頭還沒有編完，他爭取做到詞典最好的準確性和全面性。2015年1月，我去曼日寺時剛巧堪布在寺院，格勒尼瑪帶我去看望堪布。堪布盤腿坐在靠窗的禪床上，見到我們進來非常高興，請我們坐在他面前的坐墊上，並吩咐侍者給我們倒茶、端咖啡、拿甜品。

　　2006年，我第一次到曼日寺時見到他，那時他年輕、帥氣，僅僅相隔八年，原滿頭烏髮已變花白，眼角長出很多皺紋，蒼老了許多，看得出這八年他工作的辛苦。堪布給我介紹講修院的學習、考試，並

強調：曼日寺的格西考試標準，是以二十三代曼日堪布設立的考題為標準，進行顯宗、密宗、大圓滿的講、辯、論。考試非常嚴格，成績不及格的不能畢業。法王是自己的再生父母，在人生路上給自己很多指導，法王曾多次提到：做任何事都要認真、負責。自己在法王身邊長大，法王把自己培養成一名教師，自己要像法王一樣把學到的佛法教給別人。

曼日寺大管家桑吉旦真嘉布（2013年攝）

寺廟中有一位渾身總是沾著泥土、皮膚較黑的僧人，他就是大管家桑吉旦真嘉布，大家喊他阿蘇吉（阿蘇是哥哥之意）。1968年出生在尼泊爾木思堂本教家庭，是本教敲板鼓的傳人（敲的鼓只有一面有皮面，另一面是空的）。如村中有人去世，百姓一定是找敲板鼓的本教喇嘛念經超度。

家族傳統規定大兒子出家當喇嘛，小兒子種田。1979年他11歲隨父母來到這裡，16歲在法王面前剃度正式出家為僧。1996年第八屆格西畢業。他給我講述自己的經歷：「那時父母把我送到法王身邊，是想讓我當一個僧人學習念經，不要去學校上學。法王對我說：『你一定要去學校學習，上各種文化課，至少要學習五年才行。學費我給你交。』於是，我聽了法王的安排，在學校讀了五年文化課，之後回到寺廟講修院學習。

「那時寺廟有16個僧人，一間泥土做的小經堂。法王一人擔任老師、校長、領經師、鐵棒喇嘛、管家、廚師、醫生等多種職務。法王還要兼顧下面的村民，給鄉親誦經，幫助困難戶蓋房，安排孩子學習。有人生病了，法王自己到集市上賣很多藥材，回來用鐵錘把藏藥打磨成粉末，再配置成治療各種病的藥粉、藥丸送給病人吃。法王沒有架子，很隨和，什麼活都會幹，從不為自己謀利益。

「1989年做管家，兩年後成爲寺廟的總管家， 1991年至2009年寺廟修建了講修院、福利院、圖書館。法王對寺廟有一個整體的規畫，還要建立一個禪修院、一個閉關院。自己的理想就是做好法王的助手，向歷史上的良美大師學習，向法王學習，全心全意爲寺廟服務，在工作中開發自己的佛智。」

34歲的管家陳列將木措，6歲跟隨爺爺在附近山上放羊，後進入福利院學習，在法王面前出家，現在講修院讀十一年級。他聰明好學，學習成績優秀。他說自己是象雄人，說著一口流利的印度語、英語、尼泊爾語。他對人熱情誠懇，喜愛幫助人。他利用課餘時間管理圖書，後法王看到他做事、溝通能力強，就讓他做管家，負責寺廟大小法會、寺

管家陳列將木措（2014年攝）

廟建設、與外聯繫及大小僧人的生活等等一切事務。他說自己的心願就是眞正掌握佛法、全心全意爲眾生做事，共同成佛！

管家仁欽堅參（2014年攝）

管家仁欽堅贊，來自四川省松潘尕米寺，從小被當地高僧認定爲活佛，現在讀十一年級。他做事認眞，責任心強，寫著一手漂亮的文字，法王讓他擔任管家，負責寺廟財務。

領經師是一個重要的職位，他直接關係到法會的效果。我聽說，在藏地歷史上培養一名領經師非常不容易，他們除了天賦的嗓音外，還要每天清晨到波濤洶湧的河邊，把羊毛含在口中咽喉部練習誦經，直到他誦經嗓音超過波濤的響聲，才可擔任領經師。

2004年法王回國探親時，認出山巴寺僧人王傑是自己老師的轉世，法王對西繞王傑沒有提及此事，只淡淡地說：「你到我身邊來學習吧。」

兩、三個月後，西繞王傑在夢中見到一位老者，讓他趕快離開家鄉。王傑立即找師父，得知當天太陽落山之前就是出行的好時辰。他跑回家，跟爸媽、奶奶、妹妹說了聲：「我要走啦，我要去法王身邊。」全家人都愣住了，不知發生了什麼？媽媽說：「全家人吃頓飯再走吧？」他說；「不吃啦。」便坐上朋友的摩托車去了成都，七天後他拿到旅遊簽證，來到法王身旁。

首席領經師西繞王傑，在法王面前接受250條比丘戒（2013年攝）

不久，法王讓他擔任領經師工作。西繞王傑知道領經師要熟悉各種經文、儀軌、供品、法樂，法會上領經師位居第五，這些給了他很大壓力。他每天起早貪晚要看很多經書，要請教法王很多細節。特別是舉行大型法會，他需提前幾天把法會念誦的經文全部讀一遍，仔細記住經文中繁瑣的儀軌和供品，並根據法王念誦經文的內容把佛像圖片排序號，每晚6:00與法王商議第二天的經文。在法會上，他獨有低音炮般的嗓音，給人一種震懾力，爲法會增添了隆重色彩。

寺廟中的鐵棒喇嘛藏語稱「給固」，是善意提醒之意。是負責寺內全部僧人在戒律、寺規方面的稽查官，信眾進入寺廟都會小心翼翼，生怕碰上鐵棒喇嘛挑出什麼毛病挨批評。鐵棒喇嘛象徵著佛法的威嚴和佛陀隊伍的威儀。尤其在法會上，穿著特殊的服裝，手拿一個繫著彩綢名爲「十八棍吉恰香」的大鐵棒子，更增添了他的威武！曼日寺的鐵棒喇嘛每三年輪換一次。

鐵棒喇嘛必須熟知戒律條款、寺廟的規章制度，心胸寬闊，懲罰分

鐵棒喇嘛達哇桑貝悟，負責監督檢查全體
僧人的衣、行、住、坐、臥、儀威、學
習、出勤以及各種戒律等（2013年攝）

明，公平公正，鐵面無私，並能夠與人溝通。曼日寺的鐵棒喇嘛達哇桑貝悟，來自四川瑪爾康小水溝寺，身材強壯，粗眉大眼，刮得發青的連面鬍渣讓他原本清秀、靦腆的臉上顯得嚴肅有加，他是由法王和寺管會經過考察挑選的。

達哇桑貝悟要隨時指出僧人犯戒律違規的行為，早、中、晚吹海螺，呼喚僧人進入經堂誦經、上課，並檢查僧人是否有瞌睡、遲到、無故缺席。違規者要磕一千個大頭，連續兩次犯規，要加倍懲罰。達哇桑貝悟說：「曼日寺僧人都是自覺遵守戒律，從沒有出現嚴重犯戒的事，大家很團結，學習很努力，自己通過做鐵棒喇嘛，更加熟知一個僧人遵守戒律的重要性。良美大師和法王是遵守戒律的典範，他們是自己一生的榜樣！」

佛法的傳播者

法王與丹增南達仁波切，在尼泊爾赤丹諾布則寺主持法會（赤雍仲提供）

法王在法國給居士講授密宗課程（久美洛智提供）

法王在美國給信眾傳法（丹巴旺傑提供）

　　法王不僅把曼日寺建設成一座培養如法僧人的學院，他還隨著緣分在法國、德國、美國、西班牙、俄羅斯等地傳授雍仲本教顯宗、密宗和大圓滿法，使很多在家弟子走向修行正道，讓更多人通過學習雍仲本教佛法而獲得幸福、快樂、健康、和諧。

　　法王時刻關心著眾弟子，法王每在新年祝詞都會說：在世界各地信仰白帽雍仲本教的民眾與弟子，以及一直貢獻給佛門雍仲本教事業和發展照規矩辦事的喇嘛和格西大德，良辰吉日的新年盛大節日裡，我祝願大家新年快樂！祝願大家長壽、無病、吉祥、事業有成！我聽到你們在每時每刻為佛門雍仲本教事業一直努力貢獻，我很高興，再次希望大家為社會多做貢獻。謝謝大家！」法王也會在送給弟子的賀年卡上親手寫道：祝賀新年快樂！健康！幸福！工作順利！

法王在俄羅斯給信眾講佛法（赤雍仲提供）

雍仲本教在社會上，經常被人誤解成祭天地、敬鬼神的原始宗教，甚至談本色變，躲避得遠遠的。在曼日寺我認識了來自紐西蘭的瑜伽老師阿菲。

她來寺廟前夕，把參訪本教法王的事，告訴新加坡的朋友，本想向好友報個喜訊，沒想到朋友馬上說：「本教是黑教，他們會放蠱害人，尤其見法王更要小心，千萬別被他放了蠱，那你就沒命啦。」聽朋友這樣一說，阿菲心中打鼓了，可是自己天生不怕邪的性格又給自己打氣：既然機票已訂就去吧，注意保護自己就是

法王與小弟子。法王說：自己一生都在培養小孩，自己也想成為小孩（赤雍仲提供）

即使是法王身體虛弱時，也堅持給弟子們傳法（丹巴旺
傑2016年攝）

　　了。於是她給自己定下幾條規矩，一到寺廟不能亂走，二少說話，像孫悟空防唐僧被妖魔鬼怪捉拿走，用金箍棒給唐僧腳下畫出一個圈圈一樣，自己小心再小心。

　　她在寺廟的前七天，無論在哪裡，她用意識給自己腳下畫一個圈圈，即使站累了，也絕不換地方坐下。慢慢的，她看到參加法會的孩子各個滿面紅光，喜笑顏開，眼睛純淨而明亮，沒有念害人咒的意思。尤其幾次見到法王，她感到法王就是一位慈祥的老人，說話通情達理，對法王產生了親切感，終於懸著的心放下了。她本計畫看看本教法王長什麼樣子就離開寺廟，結果一住就是十多天。後三天，她每天都要去拜見法王，請法王給她開示，臨走時流著眼淚，念念不捨地向法王告別！並說以後我還要來曼日寺看望法王。

日月同輝

法王對每個弟子都關心備至，我感到法王就是自己的慈父（格勒尼瑪攝）

對曼日寺的參訪又暫告一段落，天還沒亮我就起了床，推開屋門，一股清風吹進來，圓圓的月亮掛在空中，把山川照耀得如同白晝。在涼台上做了幾個深呼吸頓覺全身輕鬆，便踏著月光向護法殿走去。

　　天地之間靜悄悄的，狗兒爬在地上懶懶地睜開一隻眼看看我，幾位僧人已在辯經場背誦經書，護法殿傳出咚咚咚的鼓聲。我不由自主地哼出：月亮撫慰我的心，我的淚水侵濕了月光，月亮在天上，我在地上，世界最美的是月亮，月亮中最美的是你……

　　輕輕邁進護法殿，朱康拉姆確丹巴旺傑有力地敲著大鼓，隨著咚咚咚有節奏的鼓點，經堂門窗在微微顫抖，金屬鎖門發出清脆的金屬摩擦聲，整個殿宇都在抖動，這鼓聲在我的胸膛內震盪。望著身材高大的朱康拉姆確，這些雍仲本教勇士為了實現自己的菩提願望，不遠萬里來到法王身邊，在雍仲本教的高等學府、最高殿堂——曼日寺學習。他們接過祖師單巴辛繞佛的傳承，以法王為榜樣，按照良美大師的教誨，堅定無悔地走上學佛修行道路，正是這些勇士使遠古的雍仲本教文化延續到今天，還在利益著眾生！

　　我點燃一枝香，輕輕地放進香爐，縹縹藏香飄散在護法殿內。我雙手合十，跪在佛像前，感謝上師們給我的指點，使我走進曼日寺來到法王身邊，感恩良美大師的教誨，感恩法王的慈悲，感恩法王給予我千載難逢的殊勝灌頂，感恩空行母、護法神的垂愛，能使自己得到莫大收穫，同時對自己以往的過失做真心懺悔。

　　旭日升起，陽光透過門簾的縫隙照在供桌上，閃動著火苗的銅質燈碗與陽光泛出一團金光，與彩繪柱子和懸掛的彩色堆繡唐卡相互輝映，護法殿內顯得十分祥和！從護法殿出來，格勒尼瑪帶我去法王處與法王告別。

　　法王坐在椅子上正在製作「聖水沐浴」用的甘露水，法王不停地念誦著消障的百字明、南巴嘉瓦除魔心咒和占巴南卡長壽經文。約五分鐘後，法王結束了誦經。笑著問我：「為什麼這麼急著走，可以再住幾天嘛，雍仲本教歷史久遠，教法厚實、全面，你要多瞭解一些內容，良美大師說：『本教的法像大海一樣，我學了這麼多只是大海中的一滴水。』你要學藏語，深入去瞭解，祖師單巴辛繞有一個弟子名字叫雷多茫布是漢族人，茫布是國王的意思，你要去瞭解研究。」

　　說著，法王伸出他那雙寬厚的大手，從身旁的佛龕內拿出一綹紅色

法王像一座山峰，讓信眾踩著山路一步一步往上爬，一直把我們送上山頂（2014年攝）

金剛結，從中抽出一條嘴中念誦著經文，又用嘴向金剛結上吹氣。我連忙雙手合十，跪在法王面前。法王親手將金剛結繫在我脖子上，並連連說：「你和曼日寺有緣分，希望你常來。」

「曼日寺是我探索心靈和追求真理的聖地，這裡有我的眷戀，我一定再來看望您！」我向法王道出自己心底的聲音。

法王沒有驚天地泣鬼神的壯烈故事；沒有王者的狂傲和奢華；沒有坐在高大的法台上發號施令；沒有凡人不理。法王有的是對佛法的堅信和持久的修行，有的是用良好的制度培養人、引導人；有的是父親對兒女的愛、威嚴和責任；有的是對眾生平等的寬厚和仁慈；有的是佛陀解救眾生出苦海的願力。法王就是當年的良美大師——第二佛陀。

法王像一座山峰，讓信眾踩著山路一步一步往上爬，一直把我們送上山頂，讓我們看那邊最美的風光。法王像一位養育子女，手上長滿老繭、累彎了腰的慈親，心甘情願地把自己全部心血傾注在孩子身上，呵護孩子們永遠幸福快樂。聽著法王的千叮萬囑，我似乎看到自己慈悲的

父親……

　　正午十分，烈日高照，我走出曼日寺，山谷中絲綢般柔軟的白雲已消退，呈現在眼前的是一片綠色田野。回頭看，曼日寺整個建築群被陽光照射得金光閃爍，如詩如畫，顯得更加莊嚴、肅穆、寧靜、深邃和聖潔！

　　偉大的曼日寺，偉大的良美大師，偉大的法王仁波切，這裡是我人生的加油站，有我取之不盡的寶藏，這裡為我打開佛國的一面窗，這裡的一切將影響我的後半生。我愛你！曼日寺！培養佛子的大熔爐！

辭謝

《尋找第二佛陀‧良美大師 探訪西藏象雄文明之旅》經過八年的耕耘，終於可以奉獻給讀者啦！

一路走來，要感謝的人太多太多，沒有他們的付出和支援，這本書永遠只是一個美好的心願。

首先感謝格西朱紮丹增，2005年時他跟我講述了良美大師的故事，並建議我寫一本良美大師的書，從那開始，我踏上了尋訪良美大師、足跡的道路。感謝好友肖茵女士，她退掉從拉薩回廣州的航班，專程陪伴我去西藏曼日寺，否則我無法開啟這本書的創作。感謝澤旺吉美上師，安排他的表弟江平先生開車帶我們朝拜西藏溫薩卡、曼日寺。感謝江平先生一路上對我們細心的關照，感謝李西新嘉旦真上師，給我講解良美大師的功績，介紹曼日傳承，帶我到法王家與法王結緣，安排僧人帶我朝拜良美大師出生地、出家的寺廟和良美大師閉關的懸空寺，並提議我探訪曼日寺的格西們瞭解良美大師。感謝曼日寺學僧丹巴旺傑，跟我翻譯法王的講述，帶我探訪第一屆格西和管家，尋找蒐集法王照片，講解戒律經文、良美大師生平、學僧辯經的內容，介紹寺廟的各個法會及建築的內含。感謝學僧格勒尼瑪，跟我翻譯法王的講述，並慷慨提供珍貴照片，翻譯陳列尼瑪堪布及老僧人、講修院堪布、諾朋的探訪，介紹寺廟建築。感謝領經師西繞王傑幫助翻譯、複印所需的經文，跟我講解經文及寺廟的各個法會內容和意義。感謝學僧雍仲祖譜幫我翻譯老僧人的講述。感謝學僧赤雍仲幫助拍攝，並提供很多珍貴的照片。感謝格西老師講解象雄文字。感謝學僧赤丹確，給我介紹圖書館的藏書，講解密宗院建築風格的含義。感謝學僧久美洛智幫助翻譯法王講述，介紹尼姑庵、福利院、普明法會。感謝單真根恰老師給我介紹尼姑庵和法王的上師桑吉旦真仁波切。感謝僧人一西，幫助翻譯法王的講述。感謝阿紮活佛幫助翻譯藏文《法王自傳》。感謝良美大師紀念館的負責人嘉揚尊珠格西，跟我講解介紹良美大師的事蹟。感謝阿龍先生開車帶我朝拜良美大師紀念館和良美大師出家的寺廟。感謝易日寺僧人紮西翻譯啥電。感謝俄羅斯的Olga女士提供精美照片。

特別感謝法王在繁忙的工作中，多次接見我，不厭其煩地解答我提出的無休止的諸多問題，並安排會說漢語的學僧照顧我的生活，滿足我的一切要求。

感謝四川民族出版社副社長澤仁鄧西先生，送我他翻譯的《良美大師傳記》，使我之後幾年內，按照書中提到良美大師的出生地、出家的寺廟、閉關修法的山洞、西藏耶如文薩卡辯經場、良美大師創建的曼日寺，一一進行實地參訪。感謝李麗梅女士說明翻譯藏文資料。感謝葉國偉先生，幫助修復老照片。感謝苗野女士、陳威威女士提出讀者關注的問題。感謝金蜀青、林光耀夫婦講解寫作技巧。感謝楊國中先生提議書中重點內容。感謝王珊女士出資掃描法王老照片。感謝徐冠民先生說明翻譯藏文資料。感謝文哲先生跟我講解藏傳佛教及藏族文化。感謝首席領經師王傑、學僧丹巴旺傑、格勒尼瑪說明核對書中內容。感謝牟堅博士幫助我潤色文稿。感謝林秀玟女士和她丈夫皮特先生，幫助聯繫出版社，並慷慨解囊促使書籍早日送到讀者手中。感謝台灣橡樹林出版社張嘉芳主編和她的同仁們付出的艱辛，同時感謝我的先生和家人對我多年的理解和支持，感謝女兒楊燕幫助手繪地圖。感謝一切關注此書和辛勤付出的人們。

由於我心智愚鈍，文彩乏善及語言障礙，不能把良美大師和法王的心路歷程完整地呈現給大家，沒能把雍仲本教經典的精髓準確全面地闡述出來。在書中可能犯下不可避免的錯誤，我在佛、菩薩、本尊、空行、護法、良美大師、曼日法王、歷代傳承上師和讀者面前做真心懺悔，並請各位見諒。

作者2017年5月於北京

後記

　　我與出版社簽約的第二天，藏傳佛教五大法王之一，我們最尊貴、最偉大的精神領袖與智慧導師──隆度丹貝尼瑪仁波切，完成一生弘法利生使命，於西元 2017 年 9 月 14 日，印度時間 18:25 暫時涅槃融入法界。聽到這個消息，淚水奪眶而出，心中隱隱作痛，法王慈祥的面孔出現在我眼前，法王的諄諄教導在我耳畔響起，在做夢嗎？是夢嗎？都說師徒如父子，但我們和法王的情感超越了一切親情！是法王教會我們打開心扉接受自然的一切饋贈！是法王指導我們解開心的束綁、獲得寂靜法喜！是法王的行為為我們樹立了榜樣，時時激勵自己精進。法王如黑夜中的一盞明燈，照亮我們前進的道路，我們不能沒有這位導師！法王的圓寂，對雍仲本教、對整個宗教界、對眾生，都是不可估量的損失。

　　2017 年 9 月 15 日，噶瑪巴鄔金欽列多傑大寶法王給曼日寺發來唁電：
　　守護雪域藏人祖輩神殿的勇士，白帽雍仲本教的至尊，散聚本教信徒的怙主，至尊曼日法王第三十三代暫時進入法性涅槃狀態，他的圓寂不僅是雪域，是點亮整個世界黑暗的一盞明燈熄滅。

此時，比以往更想念一個偉人的慈悲的恩惠，乃是常有的事，對我來講，與法王在世時不僅在各個正覺會上的會晤，時常都是溫馨的交流，特別是大師，一生爲雪域人的尊嚴付出和擔任弘法利生的重大事情，我們無法報答他的恩惠。

　　其實，一般歷代大寶法王與本教的因緣深厚，尤其是十六世大寶法王在世時與兩位本教主師曼日・日月上師慈愛密切的關係，穩定了佛陀辛繞教法和噶瑪噶舉兩個堅固不變的金剛之交。願一切大師的心願快速圓滿得成。

噶瑪巴鄔金欽列多傑寫於 2017 年 9 月 15 日

　　2017 年 9 月 15 日薩迦法王給曼日寺發來唁電，雍仲本教護持聯合處：

　　得聞昨天下午六時左右，全世界本教的至尊怙主，第三十三代曼日法王隆度丹貝尼瑪，在曼日寺涅槃融入到法界。我得知此訊息，感到悲哀的同時，唯有祈禱已別無選擇。如是的說，續經云：由如實看到正見，雖然聖者圓寂也。具備慈悲之心者，顯現出生老病死。曼日法王已獲得不變金剛的覺醒境界，示現圓寂那是在度化眾生，本門弟子和信徒們虔誠的祈禱三寶與護法，早日出現四洲怙主的化身以達成至尊無漏的圓滿心願，也請信眾應當化悲痛爲力量，精進修行，祈願法王不捨眾生，乘願再來。

薩迦法王 2017 年 9 月 15 日

2017年10月2日，印度時間清晨7:00整，
曼日法王法體荼毗（格勒尼瑪攝）

第三十三代曼日法王的舍利（格勒尼
瑪提供）

第三十三代曼日法王的碳化骨節上鑲嵌著
很多舍利（格勒尼瑪提供）

　　曼日法王走過了88個春秋，法王的每一步都綻放著蓮花的芳香，
儘管我們再也看不見法王偉岸的身軀，再也無法親耳聽到法王的循循教
導，但堅信法王對我們的護佑將會繼續陪伴，法王的法身盡虛空法界時
時與我們同在！祈盼法王早日乘願再來，在師徒的相續中，我們再拜在
您的蓮足下。

第三十四代
曼日法王誕生

雍仲本教第三十四代曼日法王——達瓦達杰仁波切。
（丹巴旺杰提供）

2017年12月17日曼日寺陳列尼瑪仁波切和尼泊爾赤丹羅布澤寺單巴雍仲仁波切按照良美大師「除了本地人之外，任何一個學識淵博品德兼備的格西，皆可參加曼日法王甄選」的傳承，將裝有候選人名字的小圓球放入透明的水晶聖瓶，當眾蠟封，供奉在護法殿。在連續15天隆重密集的催請護法神法會中，於2018年1月1日印度午時，護法神甄選出格西達瓦達杰為曼日寺第三十四代法王，同時舉行了隆重的升座儀式。雍仲本教將在達瓦達杰法王的帶領下，繼續發揚良美大師的傳承和雍仲本教佛法。

印度曼日寺40位格西和尼泊爾赤丹羅布澤寺21位格西，共61人為三十四代曼日法王候選人。（丹巴旺杰提供）

一切為了公平公正，兩位仁波切親手將寫有格西名字的字條放進由糌粑和藏藥製成的小圓球中，並用天平稱小圓球的重量。（丹巴旺杰提供）

曼日法王的誕生由護法神決定，這是良美大師制定的傳承，也是曼日寺獨特的寺規。寺廟連續15天舉行清障法會和隆重密集的催請護法神法會。敬請護法神甄選。（丹巴旺杰提供）

2017年12月27日，陳列尼瑪仁波切和單巴雍仲仁波切主持第一輪聖瓶測簽，分別從二個聖瓶中各跳出一枚圓球。（丹巴旺杰提供）

雍仲本教第三十四代曼日法王——達瓦達杰仁波切。（丹巴旺杰提供）

參考資料

1 白灣・華爾登（2009），《嘉絨藏族歷史明鏡》，四川民族出版社，劉健、謝芝編譯。

2 Samten G.Karmay（2005），《國立民族學博物館調查報告》（*Feast of the morning light : the eighteenth century wood-engravings of Shenrab's life-stories and the Bon Canon*），人間文化研究機構國立民族學博物館出版。

3 格西旦增珠紮（1999），《雍仲本教常識》，民族出版社。

4 《至尊良美西饒堅贊大師簡傳》，四川民族出版社，阿旺澤仁紮西編譯。

5 雍仲本教網站

6 《本門》雜誌

7 頓珠拉傑，《西藏本教簡史》，西藏人民出版社

8 《藏漢大辭典》，民族出版社，張儀孫編譯（1993）。

9 曲杰・南喀諾布（2014），《本教與西藏神話的起源》，中國藏學出版社，向紅笳、才讓太譯。

10 才讓太（2011），《本教研究論文選集》，中國藏學出版社。

11 才讓太、頓珠拉杰（2012），《本教史綱要》，中國藏學出版社。

12 才讓太，《岡底斯雍仲本教文獻》

13 仁孜尼瑪・生根活佛新浪博客
（http://blog.sina.com.cn/s/blog_600d8ea401015z6n.html）

眾生系列　JP0134

尋找第二佛陀‧良美大師──探訪西藏象雄文化之旅

作　　　者／寧艷娟
特 約 編 輯／蘇千塔
協 力 編 輯／李　玲
業　　　銷／顏宏紋

總　編　輯／張嘉芳
出　　　版／橡樹林文化
　　　　　　城邦文化事業股份有限公司
　　　　　　104台北市民生東路二段141號5樓
　　　　　　電話：(02)2500-7696　傳眞：(02)2500-1951
發　　　行／英屬蓋曼群島商家庭傳媒股份有限公司城邦分公司
　　　　　　104台北市中山區民生東路二段141號2樓
　　　　　　客服服務專線：(02)25007718；25001991
　　　　　　24小時傳眞專線：(02)25001990；25001991
　　　　　　服務時間：週一至週五上午09:30～12:00；下午13:30～17:00
　　　　　　劃撥帳號：19863813　戶名：書虫股份有限公司
　　　　　　讀者服務信箱：service@readingclub.com.tw
香港發行所／城邦（香港）出版集團有限公司
　　　　　　香港灣仔駱克道193號東超商業中心1樓
　　　　　　電話：(852)25086231 傳眞：(852)25789337
　　　　　　Email: hkcite@biznetvigator.com
馬新發行所／城邦（馬新）出版集團【Cité (M) Sdn.Bhd. (458372 U)】
　　　　　　41, Jalan Radin Anum, Bandar Baru Sri Petaling,
　　　　　　57000 Kuala Lumpur, Malaysia.
　　　　　　電話：(603) 90578822　傳眞：(603) 90576622
　　　　　　Email：cite@cite.com.my

封 面 設 計／走路花工作室
內 文 排 版／歐陽碧智
印　　　刷／韋懋實業有限公司

初版一刷／2018年1月
ISBN／978-986-5613-61-7
定價／450元

城邦讀書花園
www.cite.com.tw

國家圖書館出版品預行編目資料

尋找第二佛陀‧良美大師──探訪西藏象雄文明
之旅／寧艷娟著. -- 初版. -- 臺北市：橡樹林
文化，城邦文化出版：家庭傳媒城邦分公司發
行，2018.01
　　面；　公分. --（眾生系列；JP0134）
ISBN 978-986-5613-61-7（平裝）

1.藏傳佛教

226.96　　　　　　　　　　　　　　　106023853

廣 告 回 函
北區郵政管理局登記證
北 台 字 第 10158 號
郵資已付　免貼郵票

104 台北市中山區民生東路二段 141 號 5 樓

城邦文化事業股份有限公司

橡樹林出版事業部　收

請沿虛線剪下對折裝訂寄回，謝謝！

| 橡 | 樹 | 林 |

書名：尋找第二佛陀・良美大師──探訪西藏象雄文化之旅　書號：JP0134

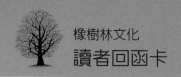

橡樹林文化

讀者回函卡

感謝您對橡樹林出版社之支持，請將您的建議提供給我們參考與改進；請別忘了給我們一些鼓勵，我們會更加努力，出版好書與您結緣。

姓名：＿＿＿＿＿＿＿＿＿＿＿＿＿　□女　□男　生日：西元＿＿＿＿＿年

Email：＿＿＿＿＿＿＿＿＿＿＿＿＿＿＿＿＿＿＿＿＿＿＿＿＿

● 您從何處知道此書？

　□書店　□書訊　□書評　□報紙　□廣播　□網路　□廣告 DM　□親友介紹

　□橡樹林電子報　□其他＿＿＿＿＿＿＿＿＿

● 您以何種方式購買本書？

　□誠品書店　□誠品網路書店　□金石堂書店　□金石堂網路書店

　□博客來網路書店　□其他＿＿＿＿＿＿＿＿＿

● 您希望我們未來出版哪一種主題的書？（可複選）

　□佛法生活應用　□教理　□實修法門介紹　□大師開示　□大師傳記

　□佛教圖解百科　□其他＿＿＿＿＿＿＿＿＿

● 您對本書的建議：

＿＿＿＿＿＿＿＿＿＿＿＿＿＿＿＿＿＿＿＿＿＿＿＿＿＿＿＿＿＿

＿＿＿＿＿＿＿＿＿＿＿＿＿＿＿＿＿＿＿＿＿＿＿＿＿＿＿＿＿＿

＿＿＿＿＿＿＿＿＿＿＿＿＿＿＿＿＿＿＿＿＿＿＿＿＿＿＿＿＿＿

＿＿＿＿＿＿＿＿＿＿＿＿＿＿＿＿＿＿＿＿＿＿＿＿＿＿＿＿＿＿